国外国防科技年度发展报告（2021）

后勤保障领域科技发展报告
HOU QIN BAO ZHANG LING YU KE JI FA ZHAN BAO GAO

军事科学院系统工程研究院后勤科学与技术研究所

国防工业出版社

·北京·

图书在版编目（CIP）数据

后勤保障领域科技发展报告/军事科学院系统工程研究院后勤科学与技术研究所编著．—北京：国防工业出版社，2023.7

（国外国防科技年度发展报告．2021）

ISBN 978-7-118-12909-0

Ⅰ.①后… Ⅱ.①军… Ⅲ.①后勤保障-科技发展-研究报告-世界-2021 Ⅳ.①E144.3

中国国家版本馆CIP数据核字（2023）第116527号

后勤保障领域科技发展报告

编　　者	军事科学院系统工程研究院后勤科学与技术研究所
责任编辑	汪淳
出版发行	国防工业出版社
地　　址	北京市海淀区紫竹院南路23号　100048
印　　刷	北京龙世杰印刷有限公司
开　　本	710×1000　1/16
印　　张	16¾
字　　数	188千字
版印次	2023年7月第1版第1次印刷
定　　价	120.00元

《国外国防科技年度发展报告》
（2021）
编委会

主　　任　耿国桐

委　　员（按姓氏笔画排序）

王三勇　王家胜　艾中良　白晓颖
朱安娜　李杏军　杨春伟　吴　琼
吴　勤　谷满仓　张　珂　张建民
张信学　周　平　殷云浩　高　原
梁栋国

《后勤保障领域科技发展报告》

编 辑 部

主　编　王　毅
副主编　李娅菲　孙燕侠

编　　辑（按姓氏笔画排序）

王　刚　刘占岭　何　杨　张孝宝
林　璐　高树田　韩　笑

《后勤保障领域科技发展报告》

审稿人员（按姓氏笔画排序）

马　军　王长富　王正军　刘　嵩
张　华　张建民　黄永义　谭凤旭

撰稿人员（按姓氏笔画排序）

马云飞　王　荟　王运斗　王美慧
王耀辉　刘占岭　闫晓枫　孙燕侠
李　枢　李　昊　李　峰　李心宇
李娅菲　杨雪飞　吴　彤　何　杨
宋振兴　张东瑞　张孝宝　张福元
陈　平　陈建新　郝新敏　胡颖颖
段德光　徐　超　高　晶　高树田
高润东　梁长坤　梁高勇　韩宇娟
韩　笑　廖　林

编写说明

科学技术是军事发展中最活跃、最具革命性的因素，每一次重大科技进步和创新都会引起战争形态和作战方式的深刻变革。当前，以人工智能技术、网络信息技术、生物交叉技术、新材料技术等为代表的高新技术群迅猛发展，波及全球、涉及所有军事领域。智者，思于远虑。以美国为代表的西方军事强国着眼争夺未来战场的战略主动权，积极推进高投入、高风险、高回报的前沿科技创新，大力发展能够大幅提升军事能力优势的颠覆性技术。

为帮助广大读者全面、深入了解国外国防科技发展的最新动向，我们以开放、包容、协作、共享的理念，组织国内科技信息研究机构共同开展世界主要国家国防科技发展跟踪研究，并在此基础上共同编撰了《国外国防科技年度发展报告》（2021）。该系列报告旨在通过跟踪研究世界军事强国国防科技发展态势，理清发展方向和重点，形成一批具有参考使用价值的研究成果，希冀能为实现创新超越提供有力的科技信息支撑。

由于编写时间仓促，且受信息来源、研究经验和编写能力所限，疏漏和不当之处在所难免，敬请广大读者批评指正。

军事科学院军事科学信息研究中心

2022 年 4 月

前　言

为使大家及时、准确、系统掌握2021年外军在后勤保障技术方面的进展，为我军后勤科技发展找准方向、选准突破口，实现后勤科技创新超越，切实发挥科技信息"服务创新、支撑管理、引领发展"的作用，我们组织相关单位和专家编辑出版了《后勤保障领域科技发展报告》。本书由综合动向分析、重要专题分析和附录三部分组成。

本报告编撰工作得到了有关单位的大力支持与配合，主要参编单位包括军事科学院系统工程研究院后勤科学与技术研究所、军事科学院系统工程研究院军需工程技术研究所、军事科学院系统工程研究院军事新能源技术研究所、军事科学院系统工程研究院卫勤保障技术研究所、陆军军事交通学院军事交通运输研究所、陆军研究院特种勤务研究所、海军研究院科技创新研究中心等。在此，对这些单位的领导和有关人员表示诚挚的谢意。

尽管编者为本报告的成书付出了很大努力，但受情报研究水平和编辑能力所限，错误和疏漏之处在所难免，敬请批评指正。

编者

2022年3月

目　录

综合动向分析

2021 年后勤保障领域科技发展综述 …………………………………… 3
2021 年运输投送技术发展综述 ………………………………………… 22
2021 年军事能源保障技术发展综述 …………………………………… 45
2021 年卫勤保障技术发展综述 ………………………………………… 66
2021 年军需保障技术发展综述 ………………………………………… 78
2021 年维修保障技术发展综述 ………………………………………… 83

重要专题分析

综合战略

新作战概念下美国海军陆战队后勤保障转型特点 …………………… 93
"远征前进基地"作战概念下美国海军陆战队
后勤保障能力发展分析 ……………………………………………… 103
美国陆军"印太战略"背景下后勤保障能力建设构想 ……………… 110
"印太战略"联盟保障建设新动向 …………………………………… 117

技术研判

美军"火箭货运"计划解读 …………………………………………… 126

浅析增材制造技术对美国海军保障供应链的影响 …………… 133
增强现实技术与远程图解技术在美军战场伤员救治中的应用 ………… 142
前沿新纤维材料的军事应用发展 ………………………………… 151
美军装备维修领域增材制造技术新进展 ………………………… 158

后勤建设

美军推进智能基地建设 …………………………………………… 165
美军印太海上运输投送能力发展研究 …………………………… 172
美国海军无人化技术发展现状与趋势 …………………………… 178
美国陆军应用人工智能技术破解"多域作战"保障难题 ………… 185

能源保障

美军小型核反应堆项目研发进展分析 …………………………… 193
美军军事能源安全保障主要做法及特点探析 …………………… 202

附录

2021年后勤保障领域科技发展十大事件 ………………………… 215
2021年后勤保障领域科技发展大事记 …………………………… 224

重要事件解读

从"第十四届美军作战能源高峰论坛"
看美军作战能源发展思路 ………………………………………… 231

重要项目解读

美国空军下一代加油机 …………………………………………… 237
美军联合轻型战术车辆 …………………………………………… 243

重要文章解读

持续保障——在竞争环境中"获胜"的优势 …………………… 247

ZONG HE
DONG XIANG FEN XI

综合动向分析

2021 年后勤保障领域科技发展综述

2021 年,军事后勤保障领域重要技术在新的战略方针和作战概念的引导下有新的突破,后勤各领域科技创新亮点频现。美军在"大国竞争"战略牵引下,不断整合优化、全面提升后勤保障能力,后勤领域朝无人化、智能化以及适应远征分布式保障方向发展。

一、以新的作战概念为牵引,注重与作战体系紧密结合,大力研发前沿高新运输投送技术

2021 年,大国竞争继续引领运输投送装备研制交付和相关技术攻关突破,特别是美俄等军事强国紧盯对手、紧贴战法推动运输投送科技发展,加快运输投送能力升级跃升,取得显著效果。此外,运输投送领域"无人智能+"模式发展迅速,运输投送与作战核心职能连接更加紧密、界限更加模糊,部分新式理念概念从构想提案转入项目研发,运输投送科技"孵化器""赋能器""连接器"作用愈发明显。

(一)颠覆性前沿技术取得突破,运输投送多领域都有重大进展

在空天运输领域,2021 年重大事件是美国空军正式启动火箭货运

(Rocket Cargo)项目，计划采用商业可重复使用运载火箭方案，技术目标是在1小时内将100吨军用物资送达地球任何地方。火箭货运的优势是可以克服"反介入/区域拒止"阻力，在高对抗条件下快速补充作战急需物资，甚至长期驻留太空，需要时全球部署。在混合式飞艇投送领域，美国空军发布巨型飞艇"攀登者"概念（图1），法国国防采购局对平流层巴士（Stratobus）大型平流层飞艇的可控、紧急回收能力进行了演示，以色列空军11月展示了全球最大的无人驾驶飞艇。在两栖投送领域，美军特种作战司令部计划研发一种水陆两栖飞机，美国国防高级研究计划局（DARPA）寻求开发新型地效飞行器，美国海军继续研发潜水型飞行器等。在深海潜航领域，俄罗斯2月开始筹备使用"别尔哥罗德"号及"哈巴罗夫斯克"号核潜艇作为"波塞冬"自主式潜航器的首批运载工具。美军"蝠鲼"潜航器项目进入第二阶段，该潜航器可搭载有效载荷自主执行远距离、长时间水下任务，无需依赖载人船舶和配套基础设施。

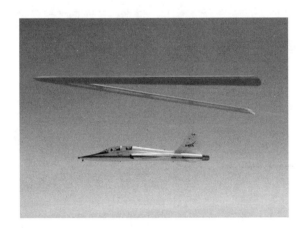

图1 "攀登者"飞艇

（二）应用多种新兴信息技术，加快无人智能化发展态势

2021年，运输投送已经成为大数据、云计算、移动互联网等新兴技术的重点应用领域,以美军为代表的军事强国加快了无人智能化运输投送相关装备研发和军事实践,运输投送无人智能化发展趋势更加明显,引领运输投送从基于经验、指令的传统模式向基于数据、信息的智能模式转变。2021年2月,美国海军成功测试运用"蓝水"无人机系统向航空母舰进行自主海上补给,测试用无人机使用无线电自动监视系统、人工智能驱动等技术,此次测试验证了使用无人机开展"舰-舰""舰-岸"远程海上运输的可行性。6月,美国海军陆战队部署战术级人道主义行动响应车,该车是第一款支持5G技术的应急响应车,具备完全的无线电互操作性和5G网络能力,可实现5G移动边缘计算,为决策者提供实时通用作战图像。6月至9月,美国海军MQ-25"黄貂鱼"无人加油机分别为F/A-18F"超级大黄蜂"舰载战斗机(图2)、E-2D"先进鹰眼"预警机和F-35C"闪电"Ⅱ舰载战斗机实施加油,有效验证了无人加油机概念的有效性,同时标志着MQ-25"黄貂鱼"无人加油机将大幅拓展战斗机的打击范围,提高战斗机的灵活性和机动性。

图2 MQ-25"黄貂鱼"无人机为F/A-18F"超级大黄蜂"舰载战斗机空中加油

（三）围绕新式作战概念，研发改造相应运投装备辅以支撑

2021 年，美军围绕全域作战、远征前进基地作战、分布式海上作战等新式作战概念开展运输投送装备研发和测试，以全面加快分布式投送、敏捷部署、拒止条件下运输保障等能力建设。2021 年 8 月，美国海军公布下一代中型补给舰项目，新型舰尺寸更小、单舰成本更低、机动性更高，更加适用于"远征前进基地作战""分布式作战"要求。美国海军陆战队提出 LXX 两栖概念舰（图 3），用于替代"圣安东尼奥"级两栖船坞运输舰，可与水面舰队联合作战，支撑美军多域作战。此外，美军论证运输机、加油机等传统空运平台加装导弹、诱饵弹等防御系统，以提高在"反介入/区域拒止"和高对抗战场环境下的防护性、环境中的生存能力。

图 3　LXX 两栖概念舰概念图

（四）加强多功能集成化，注重运输投送体系与全维作战体系的集成融合

2021 年，美国、英国、俄罗斯、意大利等国家根据大国军事对抗对运输投送装备机动能力的特定要求，重点加强运输投送体系与全维作战体系的集成融合，赋予运输投送装备平台火力投射、通信中继、情报侦察、搜索救援等新的职能。美国空军于2021年3月和7月对MC-130J特战加油运输机发射托盘装载的巡航导弹的能力组织模拟试验。2021年5月，英国宣布为其特种部队订购14架新型增程型H-47"支奴干"直升机，新直升机装配防御性武器和抗干扰装置等，既可执行常规运输任务，也可执行特战渗透等任务。3月，意大利海军列装"火山"号后勤补给舰（图4），用于向岸提供饮用水和电力，可用作直升机和特种船的救援行动基地，还配备基本防御系统，必要时可搭载高级防御系统充当情报电子战平台。

图4 "火山"号后勤补给舰

二、以新的规划文件为导向，加快新能源技术的研发速度，实现战场能源的稳定有力保障

随着各类军事装备对电能需求的持续增加，外军已将稳定供电保障视为后勤保障的重中之重。2021年，外军通过制定各种能源保障计划、不断升级和新建电力保障设施、研发多种新能源技术等措施，拓展电能保障途径，提高作战综合保障的可靠性和安全性。

（一）加大新型能源技术开发，提高军事能源保障弹性

新型能源是在新技术的基础上系统开发利用太阳能、海洋能、核能等资源，以为军事作战提供更好的供能保障。目前，对新型能源的研发力度持续加大，且新型能源在军事供能保障的比例呈增长趋势，未来将大范围替代传统能源。

太阳能是外军应用最多的一种可再生新型能源，包括光伏发电和太阳能热利用。太阳能是外军应用最多的一种可再生新型能源，包括光伏发电和太阳能热利用。2021年12月，美国空军研究实验室向外界宣布，美军取得了天基太阳能射频转换技术的重大进展（图5）。12月21日，由美国空军研究实验室、诺斯罗普·格鲁曼公司和柯特兰空军基地联合承担的空间太阳能增量演示和研究（SSPIDR）项目首次进行了阿拉克涅空间飞行器关键部件的端到端试验，成功展示了这一尖端技术。此外，美国海军研究实验室（NRL）也在开展将太阳能转换为射频（RF）微波能的研究，旨在解决偏远基地的能源需求。

图 5　美国空军开发天基太阳能转换技术

核能作为一种潜力巨大的新能源技术，外军加快了核能开发的脚步。美军继续推进"贝利"计划，以开发安全、先进、可移动的小型核反应堆，实现为美国本土和海外作战基地提供核电、为未来激光武器供电的目标。2021年，美国国防部战略能力办公室选择BWXT先进技术和X-energy继续开展"贝利"计划项目，旨在开发1~5兆瓦输出功率的反应堆，该反应堆在全功率下可以持续3年以上。10月，美国空军宣布将给位于阿拉斯加州艾尔森空军基地配置第一座小型核电站，用于空军首个微型反应堆的测试，最快将于2027年投入运营。

（二）持续探索新的电池技术，提升武器装备作战效能

近年来，世界各国都非常重视新电池技术的研发和应用，旨在为作战士兵和高科技军事装备提供高效的电能补给。其中，太阳能电池、燃料电池、锂离子电池都各具优势，是当前新电池技术的主流发展方向。

随着对军用无人机续航能力需求的不断增加，迫使为其研发和装备高能量、寿命长的动力电源。而燃料电池可显著提高无人机续航力，适用于中小型无人机，2021年又有新的进展，如英国国防部继续推进下一代轻型质子交换膜（PEM），旨在为无人机开发新型燃料电池，以提升无人机作战能力；2021年1月，韩国斗山集团研发出氢燃料电池动力无人机（图6），无人机中安装了高能量密度氢燃料电池，该无人机已经用于为偏远地区提供人道主义援助。

锂离子电池用作潜艇的动力源，可极大提高潜艇的航速、续航里程、生存能力等战术技术性能，并降低潜艇维护成本。鉴于锂离子电池的上述优点，2021年，国外海军继续探索将锂离子电池用于潜艇等海上武器装备，如日本自卫队新列装了"大鲸"级柴电潜艇（图7），该潜艇长84米，排水量约3000吨，最多可容纳70名舰员，是第二次世界大战后日本建造的最大潜艇。它采用先进的锂离子电池和柴油电力推进系统作为动力源,比现有的不依赖空气推进(AIP)潜艇水下航速更快,且声学特征更低,更利于水下行进不被发现。

图6 韩国新研的氢燃料电池动力无人机

图7 日本"大鲸"号锂电池潜艇下水

(三)不断升级电网基础设施,提高能源使用效率以加强战备

军事能源是军事能力的动力所在,美军重视军事设施的节能降耗,大力推进太阳能、风能等可再生能源应用，以保障军事设施的功能系统和战备状态。2021年9月，美军第374土木工程师中队开始升级日本横田空军基地的电网（图8），从而提高能源使用效率。主要措施：一是建立新的发电厂，减少基地对日本当地电网的依赖，并为遇到紧急情况提供多种能源保障方案；二是建立"智能电网"的控制系统以调节整个基地的电力使用；三是安装新的节能灯、电气、加热和冷却系统等节能设施，维护现有管道及重新布线来提高能源使用效率。改造后，预计每年可使横田空军基地的开支减少2000万美元，并提高30%的能源使用效率。

图8　日本横田空军基地的工程兵正在天花板上布线

美国空军装备司令部2021年修订了"军事设施能源保障计划"，为未来10年的能源保障指明了方向，计划采用多种手段来提高军事设施的能源保障效率。2021年8月，美国国防后勤局能源署授出2260万美元的节能绩效合同，用于对佛罗里达州赫尔伯特机场的能效基础设施进行改善，包括升级能源管理控制系统、高效变压器及内部、外部和机场停机坪的LED照明系统，还将为基地中央主机设施安装一个240千瓦的太阳能光伏阵列和一个200千瓦/112千瓦·时的电池储能系统。这一系列改进措施将降低机场的能源消耗和维护成本。

(四) 广泛部署移动式微电网，提升多域作战保障需求

在未来多域作战条件下，为给机动分散行动的部队提供可靠、灵活、快速响应的电能保障，车载式移动微电网是一种可靠的能源解决方案，是现有电力系统的有力补充。此外，微电网技术可促进分布式可再生能源的大规模接入，提高电力系统互补互济和智能调节能力，为战场提供稳定的电力保障。2021年6月，美国国防部和陆军部演示论证了一种基于车辆的移动微电网原型机——云虚拟机（CVM），如图9所示。预计陆军10%～20%的战术车辆都将部署该技术，以满足多域作战电能保障需求。该微电网具有可移动、快速成型、安全性和智能化高等特点。其具体表现：一是机动性强，可快速组装成型。该系统能快速组装成型并集成到战术车辆平台，每台搭载微电网系统的车辆可产生100千瓦电力，并支持车辆在停止和行进状态下操作。二是整合优化供电、输电、配电系统，智能调节供电。该移动微电网技术可在车辆之间分配电力，并连接到国防部正在开发的其他符合战术微电网标准（TMS）的发电、储电和配电系统。其中央控制器可自动增加或减少配电车辆数量，以实现整个微电网的最佳效率和弹性。

图9 美国陆军演示移动微电网原型机

三、应对战场未来卫勤保障需求,同时紧盯疫情防控要求,持续探索多种医技保障手段

2021年,以美军、俄军为代表的世界主要发达国家军队继续加大无人智能化卫勤保障技术的研究,同时,一如既往地重视新冠肺炎防控技术研发。为此,相继立项和研制出了系列新型疫情防控装备、生物安全防御装备,以及模块化、无人化、智能化卫勤保障装备,全面提升复杂战场环境条件下部队卫勤保障能力和疫情防控能力。

(一)面对战场未来卫勤保障更高需求,加速推进新型卫勤保障技术研发

未来战争形态复杂多变,作战样式发生了重大变化,对军队卫勤保障提出了更高的要求。为应对这些挑战,外军重点加强了战时伤病员现场救治、快速后送技术与装备的研发。2021年,具有代表性的发展有:美国陆军以菲力尔(FLIR)公司的Kobra无人地面车辆为主要平台,研发伤病员无人自主后送系统,该系统能自动识别伤员位置,将伤员安全地转移到医疗车上,从战场后送到安全地带;为响应"远征前进基地作战"概念下对医院船提出的灵活机动、高效救护等能力要求,美国海军开始投资建造2艘具备加强医疗能力的双体船,作为海上高速救援平台(图10);2021年初开始,俄军先后列装АП-3自动包扎模块综合体、"透镜"防雷型轮式装甲医疗车等新型卫勤保障装备,全面提升战时伤病员止血、包扎急救及医疗后送能力。

(二)持续紧盯新冠肺炎疫情防控需求,不断加大疫情防控技术研发

2021年,新冠疫情依然肆虐全球,防控形势十分严峻。为提升军队疫

图 10　美国海军海上高速医院船

情防控能力，以美军为代表的各国军队继续致力于疫情防控技术的开发，并应用了多种新型疫情防控装备。比较有代表性的有：美国陆军正在研发并计划装备"集成视觉增强系统"（IVAS），可快速测量士兵体温，在30分钟内可完成对300名士兵的检测（图11），有效提升军队对新冠疫情的防控；美国陆军传染病医学研究所（USAMRIID）证实，新开发的BioFlash生物战剂检测仪既能对低浓度气溶胶化的新冠病毒进行快速检测，又能够对新冠病毒环境实施监测。

图 11　美国陆军采用 IVAS 快速测量体温

（三）积极探索野战医技保障新技术，助力战伤救治综合保障能力提升

为提升野战条件下战伤综合救治能力，2021 年，世界主要发达国家军队积极探索医技保障新技术和新方法，相继开展了新型血液、输注液制备、超声诊断技术装备的研究，最大限度地提升战场伤员综合救治能力。其具有代表性的科研成果有：美国陆军开发出便携式乳酸林格氏溶液生成器（图 12），用于战场前沿伤病员的脱水治疗及药物注射，该装置可在恶劣环境条件下就地净化水源并制成乳酸林格氏溶液，解决了野战运输、存储药液及药液不足等问题；DARPA 宣布启动基于生物人工复苏产品野战失血解决方案（FSHARP）项目，旨在利用前沿技术设计制造血液替代品，并确保替代血液在野战条件下运输及储存中的性能不会发生变化；同时，DARPA 组织开展便携式超声自主判读人工智能（POCUS AI）项目，旨在采用先进的人工智能技术来快速、准确地处理战场上的各种损伤，应用功能包括气胸检测、视神经鞘直径测量、神经阻滞引导和气管插管验证。

图 12　美国陆军试验野战乳酸林格氏溶液生成器

（四）以提升生物安全防御能力为目标，高度重视新型生物安全防御技术研发

2021 年，国外继续加大新型生物安全防御技术的研发，相继装备了一批先进的生物安全防御装备，大大提升了军队应对生物恐怖袭击的能力。例如，美国陆军开始利用模拟战剂对美军联合生物战术侦检系统（JBTDS）进行全面测试（图 13），为该系统下一步生产部署提供可靠数据。又如，DAPRA 生物技术办公室启动"全球按需供应核酸"项目，致力探索新的核酸制备技术、研制集装箱式机动制造平台，以快速生产、配置、包装数百种合成核酸治疗剂，为美军全球行动面临的传染病、化生放核威胁提供安全防御保障。

 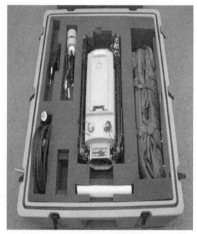

图 13　美国陆军进行 JBTDS 测试

四、新材料、新技术的突破发展，促使单兵作战保障效能实现跃升

2021 年，军需保障技术领域的发展突出表现在：一是新材料和先进制

造技术的进步，实现防弹装备轻质高效；二是人效增强技术的持续发展，促使单兵作战能力再度提升。

（一）单兵防护装备运用新兴材料和技术工艺提升防护水平

防弹衣及头盔在单兵装备中扮演着核心角色，外军高度重视相关装备材料技术和制造工艺的发展，以提升士兵防护水平和战场生存能力。2021年，外军通过引用新材料，创新制造工艺，在防弹装备的轻量化和增强防弹能力方面已突破技术瓶颈，取得较大进展，如利用聚焦晶格结构材料研发新一代防弹装备等。

2021年9月，美国陆军利用先进晶格结构设计和3D打印技术制作出可极大提高头盔冲击吸收能力的防弹材料，用以改进作战头盔的防弹性能。其具体研发设计原理是，利用计算设计和数字制造技术，根据真实的数据来设计和生成用于头盔的优质晶格材料，借助作战头盔的悬挂系统，提升头盔的冲击吸收能力。晶格结构材料相比传统泡沫防护材料具有更好的耐久性和长期的力学性能。该材料的多孔结构特性具有明显的缓振、吸振的降噪特点，还具有轻量化、强度高的优势，可以满足陆军对新一代士兵头盔轻质高效的关键性能要求。

2021年6月，美国麻省理工学院等研究机构联合发现一种热解碳的晶格结构可吸收大量能量，且密度更低，具有较高的抗超声速冲击韧性。该结构由相互连接的碳"十四面体"组成（图14），能抵抗超声速微粒的冲击。试验表明，在相同的特定冲击能量下，该材料的防弹性能超过最新"凯夫拉"防弹纤维，为制造新型防弹衣、超硬防爆盾、轻型装甲、防护涂层等防护装备提供了新途径。

（二）人效增强技术向多功能集成化发展

为适应未来智能化作战需求，外军从增强单兵态势感知、人体机能等

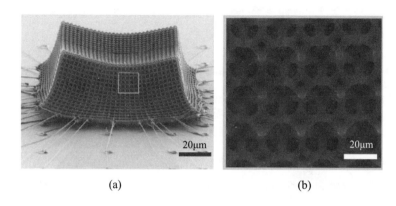

图 14 新型碳"十四面体"纳米工程材料微观形貌图

方面入手，不断研发高科技智能化单兵保障装备，打造作战能力超凡的"超级战士"，持续提升士兵作战能力。

一方面，逐步将增强现实装备配发部队，并开始投入实战应用。2021年，以美军为首的国外军队开始将增强现实眼镜批量配发军队，在模拟军事训练、军事演习、作战辅助、军事指挥等场景都有实战应用，标志着增强现实技术已经从概念设计转换到了成果应用阶段。经实战应用，这些装备表现出功能完备、人机交互顺畅的特点，具有较强的军事效益。此外，为进一步推进增强现实装备在部队的配发应用，2021年，美军加大采购增强现实眼镜，与微软公司签署了12万套"集成视觉增强系统"（IVAS）的采购合同。该系统集成了防护、夜视、导航、精确定位以及敌我识别等多种功能，可显著增强士兵的战场态势感知能力。

另一方面，2021年，在DARPA的"增强人体机能外骨骼（EHPA）系统"项目推动下，外骨骼研发投入持续增加，外骨骼功能由单一型向集成型转变。美国特战司令部新研制的轻型战术突击作战服"塔罗斯"（TA-LOS），是一款集成全身轻型护甲、助力外骨骼、内置显示器、态势感知、生理监控系统的综合性外骨骼系统，士兵腿部使用液压外骨骼，可以帮助巡逻途中的士兵节约体力；通过联通士兵皮肤的传感器，可随时获得士兵的体温、心率、运动状态和呼吸数据，有助于维持特种士兵在执行高危任务时的生存能力；头部使用美军最先进的 GPNV–18 四目夜视仪，让士兵拥有更宽阔的视野，并可将作战所需的数据投射到夜视仪目镜中；轻型护甲可以阻挡子弹或者弹片。

五、多种新兴维修技术齐头发展，战场维修保障作用凸显，全方位提升维修保障能力

2021 年，维修保障领域仍重点关注人工智能技术、增材制造技术及基于状态的维修技术的开发应用，并取得了积极进展。

（一）人工智能技术加快应用，维修保障效能又获得提高

2021 年，美军继续加强人工智能技术在维修保障领域的应用，强调在应用中注重总结经验教训，对出现的问题要及时加以改进。其主要进展有：一是使用人工智能技术预测维修费用。美国拓展应用人工智能技术，将多种数据源进行整合反复计算，并综合考虑各种可能对成本造成影响的因素，来预测维修费用。该技术有助于部队更好地规划和确定维修费用的决策方法，帮助部队解决维修费用不可预测，规划和预算编制难的问题。二是开发基于地图的人工智能维修控制塔台，为美国国防部提供一个集成的、近实时的有关所有维修保障基地和维修保障活动的通用操作视图。该平台可以显示美军所有维修基地的地理位置，以及当前的运行维护状态、工作订单、可用资源、修理件库存等信息，并可预测未来有关情况，从而促进基地级维修的能力规划，提高部队战备能力。

（二）增材制造技术深入发展，维修保障手段继续拓展

增材制造技术作为一种颠覆性技术受到各国高度重视，在维修保障领域，更是将其作为新型支撑技术加快研究应用。2021 年，外军对增材制造技术的开发应用进行了持续研究，主要体现在以下方面：

一是优化增材制造设计。老旧装备系统备件的制造关键是获取原零件的数据信息或进行重新设计，为此，美军采用多种手段优化增材制造的设计。2021 年，其具有代表性进展有：美国森沃尔公司开发了用于增材制造的机器学习软件，该软件可快速优化工艺参数，预测部件的材料性能，降低成本，更快地对增材制造零部件进行认证。德国采取基于特征分类的方法对增材制造备件进行了重新设计，探索了两种重新设计方法，提供了修改增材制造设计的方案。

二是注重增材制造的质量监控。为加强对增材制造打印出的零件进行质量监控，解决增材制造容易出现的质量缺陷，促进增材制造技术的进一步可靠应用，2021 年，美军采取了多种措施对增材制造全过程实时监控，以防止出现问题零件：美国 Addigum 公司使用了新的计算机视觉和人工智能算法检测缺陷，如果发现异常，则通知用户进行更改，以修复缺陷或停止打印；美国空军研究实验室也在研究金属 3D 打印中进行缺陷控制的技术，这项研究有助于确定缺陷的形成机理，并找到避免缺陷的方案；美国陆军通过传感器来检测和监控 3D 打印零件的缺陷，这种检测技术能够预测零件何时会出现性能退化或出现故障。

三是开发应用新型 3D 打印设备。美军积极开发新的打印机系统，进一步提升增材制造能力。2021 年，应美国国防后勤局要求，ExOne 公司开发 3D 打印方舱，利用该方舱，可在 48 小时内为受损零件制造出替换件，显著降低战场保障时间和成本。美国科巴姆高级电子解决方案公司探索将 3D 打印技术用于电子元器件制造，该项目将显著降低军用雷达和航天系统中射频部件的成本和减小其重量。美国开发出 X7 现场版打印机，该打印机可以在极端恶劣天气下使用，具有 Wi-Fi 功能，主要用于打印高强度纤维。

（三）基于状态的维修技术又有突破，维修保障又赋新能

随着状态监控技术、计算机等技术的迅猛发展，在装备保障需求驱动下，"基于状态的维修保障"技术迅速发展，其保障效率高、预知性好等优势开始显露头角，是当今最热门的智能化维修技术之一。2021 年，美军仍然致力于该领域的研发，并取得多项创新性成果。

美国加斯托普斯公司提出了基于状态的车辆维修解决方案，此解决方案将强大的预测数据分析和新的实时传感器应用于美国车辆和飞机，可对传动系统关键部件损坏发出警示和预测。

美军开发无人机电池健康管理技术，这种智能电池管理系统可以在危险情况出现前就检查到电池的化学和电气异常，并及时发出安全告警，防止电池发生严重故障甚至在飞行途中发生热失控。

美国陆军研究基于光纤的飞机健康使用与监测系统，利用光纤输入和传感器测量飞机关键部件的应变、压力、温度和加速度等，系统通过对数据分析，可以预判可能发生的重大故障，并对飞行员发出告警。

（军事科学院系统工程研究院后勤科学与技术研究所

李娅菲　王毅　孙燕侠）

2021 年运输投送技术发展综述

2021 年，大国继续紧盯对手开展高强度军事竞争，引领包括运输投送领域在内的军事装备建设和科技攻关大步向前。运输投送在新型作战概念、重点方向战备中的地位作用更加凸显，支撑侦察、情报、火力等核心作战职能的方式更加直接，相关技术的颠覆性开发与应用，使运输投送能力体系呈现新的结构形态和显著的跃升态势。

一、跟进战法迭代、支撑战力生成的走向清晰

近年来，世界军事格局发生深刻变化，以美国为代表的军事强国加速军备竞争，密集开发海上分布式作战、远征前进基地作战、马赛克战、全域作战等作战概念，对运输投送手段提出了新的需求。美军认为，在"反介入/区域拒止"条件、分布式作战场景下，作战及保障平台配置更加灵活分散，运输投送装备应具备小构型、高机动、长自持、多用途、自防御等能力。围绕这一理念，美国海军 2021 年 1 月发布计划，拟于 2035 年前购置 28～30 艘新型登陆舰，该舰相比现有大型登陆舰（排水量 4 万吨以上）大

幅减小（排水量1000～8000吨），能搭载75名陆战队员，可编队或独立执行任务，必要时还可配备反舰导弹，适用于岛屿间部署机动，以及近海抢滩登陆（图1）。8月公布了下一代18～30艘"约翰·刘易斯"级中型补给舰项目（图2），新型舰尺寸更小、机动性更强、单舰成本更低，可以有效规避大型舰遭集中火力毁瘫的风险，更加适用于"远征前进基地作战""分布式作战"要求，首舰预计2023年交付。同时，美国海军陆战队也于4月提出LXX两栖舰（图3）需求，用于替代"圣安东尼奥"级大型船坞运输舰，在全域作战场景下充当主力两栖运输舰，配合作战舰艇实施海上联合作战。此外，美国空军持续验证运输机、加油机等传统空运平台拓展功能。例如，KC-46A加油机于5月首次参加实战演习（图4），该加油机与KC-135R/T、KC-10A加油机相比拥有更先进的数字化航电系统、更强的战场生存能力和战术态势感知能力，能够作为空中指挥控制节点在高对抗环境下帮助其他运输机和加油机高效地完成机动任务。

图1　美国海军轻型登陆舰作战效果图

图 2 "约翰·刘易斯"级油料补给舰

图 3 LXX 两栖概念舰效果图

综合动向分析

图 4　KC-46A 加油机

二、聚焦重点区域、支撑方向战备的特点突出

2021 年，美俄等国聚焦热点区域和重点方向战备，以现实问题为牵引解决制约力量投送和运输保障的短板瓶颈。

美国方面：在本土方向，由陆军主导研发新型铁路平车（图 5），并于 2021 年 8 月对其进行测试，解决上一代铁路平车无法装载 M1A2 型"艾布拉姆斯"坦克的问题，贯通"兵营 – 装载港"兵力投送链。在欧洲方向，陆军于 5 月将 650 辆联合轻型战术车辆存入位于德国的预置地域，解决预置装备老旧、机动性差，影响"西欧 – 波罗的海沿岸"响应增援能力的问题。在印太方向，美国海军计划于 2021—2025 年增购 9 艘气垫登陆艇和 2 型 35 艘登陆艇（图 6）；美国陆军组织新型步兵班组车空投测试（图 7）和实心轮胎热带环境适应性测试（图 8），为西太岛屿作战做准备。在中亚方向，美军为解决士兵携行负载过重和"最后一公里"运输难题，研发新型班组运输工具"战马"电动手推车（图9）。该车整备质量为86千克，转弯半径为零，可在丘陵、森林、岩石、碎石路面等复杂地形条件下携带135~225千克的载荷行驶24~48千米，将任务时间缩短35%~64%，显著提高单兵作战能力和士兵负重。在北极方向，针对该地区人员和物资运输需要，研发专用履带式全地形车（图10），目前样车已通过性能测试。

图5 美军新型铁路平车

图6 1700级通用登陆艇

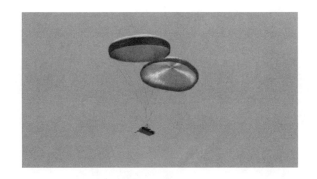

图7　美国陆军新型步兵班组车空投试验

图8　美国陆军实心轮胎热带环境适应性测试

图9　美军"战马"电动手推车

图 10　美军极寒地区履带式全地形车

俄罗斯方面：在黑海和波罗的海方向，加快研制、交付两栖装备和海上投送保障装备，2021 年全年交付 17 艘综合保障船，1 月公布两型两栖舰研制方案，其中"巨蜥"号两栖舰（图 11）长 250 米、宽 65 米，设计排水量 4.5 万吨、吃水 9 米，航速 26 节，甲板可停放 24 架多用途战机、6 架直升机和 20 架无人机，具有很强的两栖投送能力。"弗谢沃洛德·博布罗夫"号新型后勤保障船 3 月海试（图 12），该船长 95 米、宽 22 米，设计排水量 9500 吨，吃水 9 米，航速 18 节，续航力 5000 海里，载货甲板面积超过 700 米^2，设置上层甲板和限位横梁，可运输集装箱和车辆，此外还可执行吊装、无码头卸载和拖航等任务。黑海舰队 6 月列装 03182 项目"帕洛莫夫海军中将"号等 4 艘新型小型油船，"帕洛莫夫海军中将"号小型油船（图 13）长 75 米、宽 15.4 米，排水量 3500 吨，满载 1560 吨，续航力 1500 海里，具备 1 米破冰能力，可用于运输各类油料和干货物资，甲板可起降卡－27 直升机和无人飞行器。俄罗斯国防部 7 月宣布研发新型水陆两栖车（图 14），该车可在水上滑行，适用于海军陆战队执行两栖作战和投送任务。

在边境、中亚方向，俄军强调重点发展军事运输机，通过空运、空投、空降提高危机响应能力，2021 年全年为空降兵配备近 500 件新型、改型技术装备，1.3 万套空降、伞降系统设备，完成伊尔－112B 轻型运输机飞行测试并交付 5 架伊尔－76MD－90A 运输机，此外对安－124 重型运输机进行改进升级。

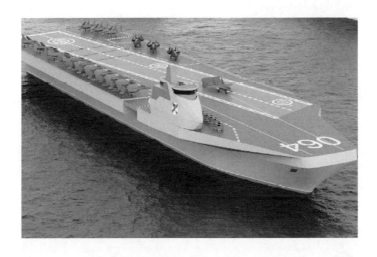

图 11　"巨蜥"号两栖舰设计图

图 12　"弗谢沃洛德·博布罗夫"号后勤保障船

图 13 "帕洛莫夫海军中将"号小型油船

图 14 俄罗斯新型两栖车模拟图

欧洲国家方面：英国于 3 月发布"全球机动"愿景，提出将军事力量扩展到印太的战略诉求，5 月组织航空母舰打击舰队首次全球部署，10 月发布《实现全球机动性：2040 年未来兵力设计》，确定多用途舰、多用途后勤舰等 6 个可行选项及关键需求。德、法、西、英、荷等国家以北约远征部队

(2.5万兵力)全球投送为目标,加快交付以 A400M 运输机(图 15)、A330MRTT 多用途加油运输机(图 16)为核心的战略空运装备。德国空军 2 月接收 2 套 A400M 运输机模拟货舱,货舱按实际尺寸 1:1 复制,受训人员可借助货舱练习物资空运准备、装卸作业、飞行途中和地面操作等技能,此外货舱还可用于新载荷的评估、试验与认证。欧洲多用途加油运输机队 8 月交付第 5 架 A330MRTT 飞机,该加油运输机最大载油量 110 吨,比英军现役"三星"加油机多 25%,可在保持基本构型的前提下运载 285 名人员,或 6 个北约标准托盘、2 个 LD3 集装箱,该型飞机在 8 月份参加阿富汗喀布尔"盟友避难"航空撤离行动。波兰针对东部边境地区特殊地貌研发 LOTR 轻型侦察装甲运兵车(图 17)并在 8 月组织性能测试,该车采用模块化底盘设计,可披挂装甲,设有侧门和 3 个逃生口,陆上最大行驶速度、机动性、爬坡和越障能力均有大幅提高。

图 15　A400M 运输机模拟货舱

图 16　A330MRTT 多用途加油运输机

图 17　LOTR 轻型侦察装甲运兵车

此外，印度针对高原山地地区兵力投送需要，研发 CADS – 500 可控精确空投系统（图 18）并在 12 月组织演示验证。该系统有效载荷 500 千克，从安 – 32 运输机释放后，可利用全球定位系统（GPS）、高度与航向传感器，使用航路点导航自动操控其飞行路径，以自主模式到达预定降落区。

综合动向分析

图 18　CADS－500 可控精确空投系统

三、拓展平台用途、融入作战效能的趋势明显

2021 年，美、英、俄、意等国根据大国军事对抗对机动投送能力的特定要求，重点加强运输投送体系与全维作战体系的集成融合，赋予运输投送装备平台火力投射、通信中继、情报侦察、搜索救援等新的职能。例如，美军空中机动司令部 5 月组织"机动卫士 2021"等多次演习，验证空运平台的多项拓展功能：一是运输机在空中投放增程型托盘化弹药，直接对目标实施打击；二是空中加油机将战区作战飞机接入"先进战斗管理系统"，实现战场数据快速共享；三是运输机搭载"海玛斯"火箭炮"打带跑"快速部署；四是运输机与战斗机编成"快速猛禽"战斗小组，在简易机场降落后临时加油挂弹；五是运输机从前沿机场移动传感器获取数据，生成上传 4D 地理空间信息；六是加油机充当空中通信节点，为作战飞机"投送数

据"。又如，美国"圣安东尼奥"级两栖船坞运输舰"波特兰"号 12 月在亚丁湾进行舰载高能激光武器系统打击演示，验证对无人船的打击效能（图19）。此外，英国 5 月宣布为其特种部队订购 14 架新型增程型 H-47"支奴干"直升机（图20），装配增程油箱、光电/红外传感器套件、多功能雷达、防御性武器和抗干扰装置等，既可执行常规运输任务，也可执行特战渗透等任务。俄罗斯 7 月完成卡-62 多用途直升机（图21）认证测试，该直升机长 13.4 米、宽 1.9 米、高 4.5 米，最大巡航速度 310 千米/小时，最大航程 700 千米，最大升限 6100 米，悬停升限 3200 米，可执行客货运输、搜救、油气开发、医疗后送、巡逻监测等多样化任务。意大利海军 3 月接收"火山"号后勤补给舰（图22），该舰长 193 米，时速 20 节，设有 4 个船首补给站和 1 个船尾补给站，装备一台 30 吨吊机，能够向岸提供饮用水和电力，可搭载 8 个住宿和医疗模块，具备海底作业能力和海上救援能力，也可用作直升机和特种船的救援行动基地，必要时更可搭载高级防御系统充当情报电子战平台。

图 19　"圣安东尼奥"级两栖船坞运输舰激光武器打击试验

图20 增程型 H-47 "支奴干" 直升机

图21 卡-62 多用途直升机

图 22 "火山"号后勤补给舰

四、颠覆传统范式、营造代差优势的愿景迫切

随着科技不断发展进步和能源、材料等基础领域取得突破，以美、俄等为代表的军事强国竞相加大投入，探索研究具有前瞻性、先导性和颠覆性的运输投送前沿技术，谋求占得先机形成代差。

在空天运输领域，美国空中机动司令部宣布最早将在 2022 年提出未来空中加油机愿景。美国空军 6 月公布第四个"先锋"项目"火箭货运"（图 23）计划并加大 4 倍投资寻求利用大型、可重复利用的商业火箭在 1 小时内将 100 吨物资运至全球任意地点。具体研发内容包括：研发可快速装卸载的火箭；探索从特定位置发射的方法；设计新的飞行轨迹；研究空投有效载荷的可行性等。相比传统运输方式，火箭货运可以克服"反介入/区域拒止"阻力，在高对抗条件下快速补充作战急需物资，甚至长期驻留太空，需要时全球部署。英国 4 月成立太空司令部，9 月发布《太空战略》，将太空作为作战域，加强与美、日等国太空科技联合开发，并将轨道发射能力列为优先事项。贝尔公司8月透露美国特种作战司令部未来高速垂直起降飞机概念（图24），该飞机未来有可能替换美国空军CV-22B"鱼鹰"倾转旋翼飞机等机型。美国空军"敏捷至上"新型空运试点项目11月组织成果展示，多款电动垂直/短距起降飞行器通过演示验证，预期可用于执行载人、载货、医疗后送等任务。

图23　"火箭货运"构想图

图24　未来高速垂直起降概念机

在两栖投送领域，美国特种作战司令部5月提出研发一种与俄罗斯别-200系列水上飞机（图25）功能类似的水陆两栖飞机（基于C-130J"大力神"运输机（图26）改装），以适应南海、鄂霍次克海、波罗的海、黄海和波斯湾等水域的作战需求。此外，外媒6月还披露美国海军仍在秘密研发潜水型飞行器（曾提出"鸬鹚"样机概念，图27），该飞行器可从海军舰艇或水面起飞、空中飞行640千米、水下潜航12海里、完全下潜并持续72小时、可下潜收拢特战队员后上浮并起飞等。DARPA 8月发布新一代海上地效飞行器（图28）需求书，提出公海（3级海况）起降、水上作业、长航时远航程、空中避障、低成本制造、有效载荷高于100吨等要求，以满足远征前进基地作战、分布式海上作战、分布式后勤、海上搜救、大规模伤员后送、两栖作战、极地巡逻等任务需求。

图25 别-200系列水上飞机

图 26　基于 C-130J 运输机改装的水陆两栖飞机构想图

图 27　"鸬鹚"潜水型飞行器

图 28　新一代海上地效飞行器构想图

混合式飞艇领域，美国空军联合 JP 航宇公司发布巨型飞艇"攀登者"概念（其艇身呈 V 字形，图 29），法国防务采购局联合阿莱尼亚空间公司 9 月演示了大型平流层飞艇 Stratobus 的可控、紧急回收能力（图 30），以色列空军 11 月展示了全球最大的无人驾驶飞艇，该飞艇可用于预警、空中停留等任务。

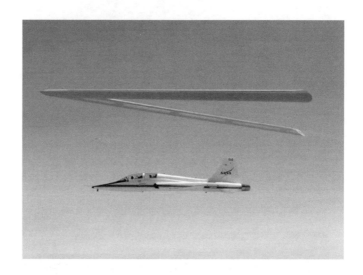

图 29 "攀登者"飞艇

图 30 Stratobus 飞艇紧急回收

在深海潜航领域，俄罗斯"波塞冬"潜航器（图31）交付部队，该潜航器下潜深度可达1000米，水下速度200千米/小时，最大续航里程1万千米，计划使用"别尔哥罗德"号及"哈巴罗夫斯克"号特种核潜艇作为其首批运载工具。DARPA 12月宣布"蝠鲼"潜航器（图32）项目进入第二阶段，该潜航器可搭载有效载荷自主执行远距离、长时间水下任务，无需依赖载人船舶和配套基础设施。

图31 "波塞冬"潜航器

图32 "蝠鲼"潜航器

五、集成信息数据、迈向无人智能的步伐加快

2021年,以美军为代表的军事强国加快无人智能化运输投送相关装备研发和军事实践,引领运输投送从基于经验、指令的传统模式向基于数据、信息的智能模式转变,运载工具智能化、交通设施智慧化等发展趋势更加明显。美国陆军3月授予商业公司研制无人加油装置(图33),该装置集成在整装整卸车托盘,用于为无人运输车队加油;4月接收一批"麋鹿"多用途无人运输车,该车分4×4、6×6、8×8三个系列,均可由轮式改装为履带式,其中6×6系列有效行驶里程约100千米,有效作业时间72小时,最大载荷454千克,相当于为10名士兵人均减轻40~45千克携行重量。莱茵金属公司6月推出"任务大师"XT无人地面车(图34),该车自重2217千克,冰雪路面行驶条件最大载荷1000千克,续驶里程750千米,可在0℃以下天气以及沙质、岩石和山区地形行驶,随车配备的锂电池可实现6小时"静默值守"作业;此外,该车还可切换为有人驾驶模式。美国海军陆战队于3月成功完成新型货运无人机测试,6月部署新一代战术级人道主义行动响应车,该车是第一款支持5G技术的应急响应车,达到了美国"国家突发事件管理系统"标准,具备完全的无线电互操作性和5G网络能力,包括自主机器人与电动无人运输车之间的通信、野外人员与车辆之间的视频流、恶劣环境下的传感数据采集,以及5G移动边缘计算——为决策者提供实时通用作战图像(图35)。美国海军6月至9月多次验证MQ-25"黄貂鱼"无人加油机为F/A-18F"超级大黄蜂"舰载战斗机加油、为E-2D"先进鹰眼"预警机加油和为F-35C"闪电Ⅱ"战斗机加油,此举将大幅拓展战斗机的打击范围,提高战斗机的灵活性和机动性。此外,美国海军11月完成

战术补给无人机系统和"蓝水"后勤无人机系统测试（图36），测试中两架无人机从一个地点自主飞到另一地点，顺利执行多次补给任务，战术补给无人机航程较短，有效载荷为68千克，用于执行岸上任务，而"蓝水"无人机占用空间小，用于海上补给。以色列航空航天工业公司9月推出Rex MK Ⅱ无人地面车（图37），该车最大载重1.3吨，可通过无线通信进行远程操控，设计用于运输弹药补给、医疗设备、饮水、口粮以及后送伤病员。

图33　无人加油装置

图34　"任务大师"XT无人地面车

43

图 35　5G 应急行动响应车

图 36　"蓝水"无人机

图 37　Rex MK Ⅱ 无人地面车

(陆军军事交通学院军事交通运输研究所

张孝宝　胡颖颖　闫晓枫　梁长坤)

2021 年军事能源保障技术发展综述

2021 年，世界经济在全球新冠疫情巨大影响下经历艰难有所复苏，以美欧、中俄为代表的大国博弈日渐复杂激烈，全球发生美国得克萨斯州大停电和核心输油管网遭入侵、欧洲能源价格暴涨、海外轰轰烈烈退煤潮等重大事件。然而，各国军队在军事能源领域的发展脚步未停，不但根据国家能源方针出台新军事能源规划策略，而且利用先进能源科技不断进行军事研发应用，取得许多新进展，在提升军事能源整体保障能力和技术水平的道路上迈出新步伐。

一、颁布多项军事能源战略规划，体现发展新思路和新动向

与 2020 年相比，2021 年美欧等国政府和军队在能源顶层设计和统筹规划方面动作频繁，旨在根据形势变化调整各自能源发展思路方向，提高效能，稳步前进。

（一）美军

仅 2021 年上半年，美国发生了历史上最为严重的得克萨斯州大规模停电事故和国内最大成品油管网遭软件攻击长时间停供事故，引发了全球高度关注。这两起重大能源事件给美国敲响了警钟，因此，美军2021年能源政策的核心除放在提高作战能源效率和保障弹性上外，最显著的动向是将气候变化视为影响美军未来能源设施、作战能源和作战能力的重要因素，同时也更加关注美军核威慑能力提升。按照白宫13834号行政令部署，美国国防部于10月发布了《气候适应性计划》和《气候风险分析报告》，提出在各决策流程中均应充分考虑气候因素，并就部队演习演练与作战、提高能源设施弹性韧性等提出具体要求。"气候应对战略"被美军视为与"多域化作战""大国竞争战略"具有近乎同等地位的顶层战略，预计未来将进一步促进各军兵种落实。

2021年是美国的核能大年，为强化研发利用优势、提升核技术能力，美国政府及能源部、国防部等均做出一系列新规划。2021年1月，白宫发布了加速与整合用于太空探索和陆地战场的高机动核反应堆开发的行政令，要求多部门制定"共同开发技术路线图"，尽快推动新型核反应堆建设。3月，能源部核能办公室发布《核能战略远景》报告，提出推进先进核能科技、实现核能产业蓬勃发展的总体愿景和使命，制定了2030年前核能发展五大目标及详细阶段性指标要求。4月，拜登政府在2022财年《能源优先事项预案》中也强调了增强国家核安全、资助海军核能推进项目等思路。6月，国防部称将在美国新版国家防务战略中充分纳入核态势评估，阐明美国核力量三位一体现代化的优先事项。

在能源科技领域，美国也出台一系列政策规划。2021年6月，美国政府发布《100天先进电池供应链审查情况报告》，宣布将采取措施解决四种关键电池产品供应链漏洞问题，建议国会对高容量电池集中投资，提高美国电池产品全球竞争力。6月，美国联邦先进电池联盟发布《国家锂电池蓝

图 2021—2030》，制定了美国锂电池发展五个关键目标和关键行动，对于助推美国打造先进锂电池供应链、引领全球锂电池技术和产品市场、同时支持拜登政府 2035 年净零排放脱碳目标将发挥积极作用。8 月，兰德公司发布《塑造 2040 年战场的创新科技》报告，选取了 11 项能够在 2040 年前后催生新质作战能力、对未来战争具有颠覆性影响的科学技术。其中涉及能源的就有先进能源和电力、先进武器技术两大类，包括用于高超声速武器等的电动和混合动力推进技术、发动机技术及节油方案，下一代电池、无线传能等传统和新能源转换输送技术，微电网、智能能源管理等能源存储管理技术。11 月，美国空军研究实验室启动"远征能源行动"计划，为 8 家能源技术公司提供研究资金，专门为远征部队研发弹性燃料和可再生能源发电、无线电力传输等创新技术，以进一步提高空军、航天部队远征作战能源保障能力。上述政策和思路均将影响军事能源发展。

为推动印太战略落地实施、加强与印度军事伙伴关系，美国防后勤局能源局与印度国防部签署了《长期燃料协议》，于 2021 年 6 月 1 日生效。根据协议，印度国防部可以从美国军事设施、舰船和飞机获得燃料，美军作战人员也可以获得印军燃料支持。协议实现了印美两军间互惠的燃料采购，加强了美军在印太演习和军事行动的燃料供给。

在军兵种方面，美国陆军于 2020 年 12 月发布《设施能源和水资源战略规划》（IEWP）（图 1），将能源和水资源保障的韧性、高效和经济性确定为陆军战略目标，每个目标均有明确的实施重点和阶段任务（表 1），直至 2028 年。美国空军于 2021 年 1 月发布了《设施能源战略规划》（图 2），提出识别能源保障系统漏洞、加强能源弹性计划、确保能源弹性效果 3 个战略目标，强调通过建设更有韧性的能源支撑空军执行复杂的作战任务。美国海军在 2021 年能源发展的主要思路：降低前线作战部队能源消耗，减少能源后勤保障需求；更加有效地使用能源，拓展现有和未来武器系统作战范围；提高能源有效储存转换和分配控制，使未来武器和传感器更紧密地集成到作战平台上；提高前线作战基地、野外补给和驻训场所能源恢复能力；培育海军和海军陆战队的能源文化。为此，海军将继续调整战略和投资重点，优先考虑作战平台、先进传感器、定向能武器用燃料和电力的研发应用。

表1 美国陆军设施能源和水资源战略规划主要内容

战略目标	重点方向	阶段内容
韧性	降低关键任务的能源和水资源恢复风险	要求陆军所有设施2021年9月达到规划要求； 2028年9月前实施方案，解决规划提及的在兵力投送平台、动员部队发电设施和任务保障设施等方面关键任务需求50%的能源和水资源短缺问题
	维持能源和水资源基础设施	每年均对保障关键能源与水需求的应急和备用能源系统进行全面测试； 每年减少兵力投送平台、动员部队发电设施与任务保障设施计划外停运时间和频率
高效性	优化能源和水资源的使用	相对2003财年基准，每年降低能源使用强度； 相对2007财年基准，每年降低水资源使用强度； 到2023年，95%的基地配备全职能源经理；
	发展能源和水资源的数据战略	到2028年，启用基地范围内楼宇自动化系统； 2024年前，建立陆军范围内能源和水数据分析能力，以提升能源和水资源使用效率
经济性	降低能源和水资源的成本费用	与上一财年相比，逐年降低电力成本； 与上一财年相比，逐年降低饮用水成本； 在能源和水资源项目中，逐年增加利用第三方融资、绩效合同和私人资本投资

图 1　美国陆军 　　　　　图 2　美国空军
《设施能源与水资源战略规划》　　《设施能源战略规划》

（二）北约

2021 年，为应对气候变化，北约高度重视能源安全问题，定期进行会议磋商。1 月，欧洲防务局召开网络研讨会，17 个成员国 145 位专家就下一代军事平台的能源挑战与应对展开研讨，对新兴能源技术发展趋势进行预测，特别是根据欧洲中长期能源需求对重要能源技术进行了优先排序。同时，北约继续努力减少作战行动和军事基地化石燃料消耗，实现更大的自主权、减少后勤负担。北约盟国审查了包括中欧管道系统在内的燃料供应链，以应对多种复杂形势造成的能源风险。

二、军事能源技术全面推进发展，能源保障能力不断加强

2021 年，外军进一步投入人财和物力，通过加强军地联合、创新材料工艺、转化成熟技术等途径，深入开展军事能源技术研发和勤务应用，实现多项技术和装备器材的突破。

（一）传统油料保障向无人智能化大步迈进，空海无人加油装备亮点频出

2021年，美军在油料保障领域研发试验了多种无人智能化加油装备，无人油料装备实战化能力加快形成。2021年6月，美国海军航空系统司令部联合波音公司，在伊利诺伊州成功完成了首次无人机对有人机的空中加油试验，意义重大。1架MQ-25A"黄貂鱼"舰载无人加油机的T-1原型机为1架F/A-18F"超级大黄蜂"舰载战斗机进行了空中加油，整个过程迅速而流畅。美军第五代舰载机成功研制并列装，催生了舰载"忠诚僚机"这一新兴概念。美国海军将智能化、可自主执行作战和保障任务的多用途无人机作为"忠诚僚机"的主要选择，"舰载无人空中加油系统"（CBARS）项目应运而生。MQ-25A是世界上第一架用于作战的舰载无人加油机，是美国海军"忠诚僚机"系列的重要角色，承担着海军"舰载无人空中加油系统"的领衔重任。它能够在926千米范围内为4~6架飞机实施加油，最大加油能力在6.35~7.26吨，能够将现役F/A-18E/F、F-35C和EA-18G等舰载机的作战半径扩大到1300千米；体型更小，具有一定隐身性，可无人驾驶。12月12日，美国海军又在"乔治·布什"号航空母舰上进行了MQ-25A舰载无人加油机航母甲板调度操控演示（图3）。两次试验成功推动MQ-25A更快走向实战应用，计划于2025年形成初始作战能力。

在海上加油作业方面，美军的无人智能化水平也越来越高。2021年，美国国防部又同步推进"海上无人化自主加油站"项目（图4），以全尺寸浮动式传统驳船为基础，深入整合SM300自主指挥控制系统及各种推进、加油、传感、通信设备为一体，形成在岸上就能远程控制的智能型着陆加油平台，为各种飞机、水面舰艇和岸海衔接需求自主加油，若干平台还能组成规模化补加油网络。该装备能够规避法律风险进入人员禁入区和

政治敏感区执行任务，以低成本抵消高消耗性，在一定程度上解决美国海军当前面临的远洋和特殊海域油料补给的重大后勤挑战，提升全球部署、远程兵力投送和远洋持续补给能力。当前项目正从概念验证过渡到设计阶段，2022年国防部将再次评估项目思路，并计划耗资310万美元部署一个真正的海上自主加油平台，为海岸警卫队等部门实施加油。美国海军希望通过无人系统的大规模、成体系运用，形成独特的油料保障非对称优势。

图3　MQ-25A舰载无人加油机在航母甲板上进行操控演示

图4　美国海军浮动式海上无人化自主加油站概念图

（二）传统油品和新质燃料合成技术不断创新，军用油料家族或将出现更多新成员

美国空军作为用油大户，一直以来因巨大油耗带来的经济负担和运输风险而困扰。为此，美国空军着眼碳氢燃料，开始研究将空气中的 CO_2 转化为喷气燃料的可能性。2020 年，美国空军作战能源实验室批准 Twelve 能源公司启动研究计划；2021 年 8 月，研究取得重大进展，构建了碳转化平台、碳转化方法和新型电化学反应器等；2021 年夏，E–Jet 喷气燃料问世，空军测试后证明其质量性能都达到要求，碳排放量可降低 90% 以上。这一技术成果意义重大，利用它作战人员可在前线乃至全球任何地方通过从空气中捕捉 CO_2 来现场按需生产燃料。该项目第一阶段于 2021 年底结束，下一阶段将着眼扩大技术规模进行量产，虽然还有水源、耗电等难题等待解决，但这项创新技术最终将带来革命性变革。

在生物燃料领域，2021 年 8 月，日本海洋研究机构在北冰洋楚科奇海附近发现一种浮游植物，该植物具有合成碳原子数 10~38 的多种碳氢化合物的能力，能一次形成从轻烃到重烃多种成分，最终合成类似石油的高质量燃料并可以实现量产。该发现对于进一步推动第三代生物燃料开发、降低全球碳排放起到助力作用。

近年来，俄军在北极地区加快了军事驻防和基础设施建设。为在北极永久冻土条件下给车辆和装甲装备加油，俄罗斯海军北方舰队成功开发出北极柴油和航空煤油等新型寒区用油，并已经应用于雅库特和新地岛执行任务的空军和防空军部队。同时，俄罗斯国防部计划在 2028 年前装备 6 艘 23130 级新型油轮，组建一支专门执行北极任务的加油船队。在新油品和加油船队保障下，将加强俄北方舰队在北极的战斗力。

2021 年 11 月，印度石油研究所的生物喷气燃料生产技术获得许可，被正式批准用于空军飞机。这些喷气燃料从植物油、食用油及加工废料、油籽作物中提取，取得认证后将走向商业化和规模化生产，印军作战飞机将能够使用本国生物喷气燃料，向可再生能源自主保障又迈出一步。

（三）小型安全核能技术和装备研发不断进展，军事应用热潮不减效果显著

在 2021 年发布的一系列国家军队核能战略规划推动下，美军对核能技术与军事应用的热度不减反增，新一代小型模块化核反应堆的开发应用步伐正在加快。美军继续发展"贝利"计划，2021 年 3 月，经全面竞标，美国 BWXT 先进技术公司和 X－energy 公司获得国防部战略能力办公室认可，再获 2790 万美元和 2870 万美元合同，设计研发目标小堆，计划于 2022 年初方案终审时选定其中一家进行原型堆建造和演示。9 月，战略能力办公室就小型核反应堆环境影响草案开始为期 45 天的公开意见征询。10 月，空军宣布选中阿拉斯加州艾尔森空军基地建造一座核电站，作为接收和配置第一座小型核堆的试点。该小堆能产生 1~5 兆瓦电力，由美国核管理委员会所有和商业运营，预计 2027 年投入使用，可为偏远的国内基地提供弹性的电能保障，解决基地每天用 800 吨煤发电的问题。

另外，美国战略司令部联合麻省理工学院等正在研究一种称为"核电池"的微反应器，实际上是一种更小的微型核电站（图 5）。它主要包括一个微型反应器和一个将热量转化为电能的涡轮机，所有系统和部件均安装在标准容器内，外附非常坚固的防辐射安全壳，在无人管理的情况下能运行 5~10 年，之后用卡车运回工厂进行翻新；另外，它可以即插即用、按需供电/供热，即机器到达现场后几周内用户就可获得能量，成本大为降低。目前，西屋电气等公司已经在设计研制这种原型机，两年内即可运行一个示范装置，然后在爱达荷国家实验室中进行测试。这种工业流程的微反应器将为军事和民用供电带来极大便利，高度分布式部署和机动性特别适合海外、前线和偏远的军事基地，加大其电能保障能力和弹性。

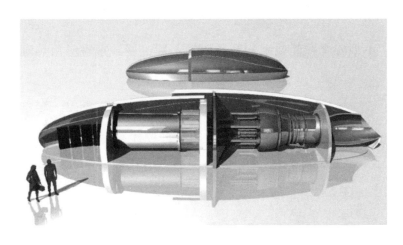

图 5　美军微型核反应器概念剖面图
（内部是反应堆、设计控制模块和电源模块）

俄罗斯方面，2021 年 7 月，俄罗斯联邦航天局宣布正在设计建造一艘核动力太空运输船——"宙斯"号太空拖船（研发试验工作代号"核子"），作为未来空间站间的接驳工具（图 6）。该拖船采用兆瓦级核反应堆驱动，能确保携带大量货物远距离航行，显著提高航速并缩短航时，不但能满足在地球轨道空间站之间的穿梭，还能助力月球基地建设，以及执行木星探测等远距离星际航行任务。10 月，俄罗斯国家航天集团宣布，将首次在海外展示"宙斯"号轨道系统和运输动力模块，以及"科学"号多功能实验舱的模型。"宙斯"号初步设计将于 2024 年 7 月完成，耗资 42 亿卢布，2030 年计划送入轨道进行飞行试验，此后将开始批量生产并投入商业使用。

综合动向分析

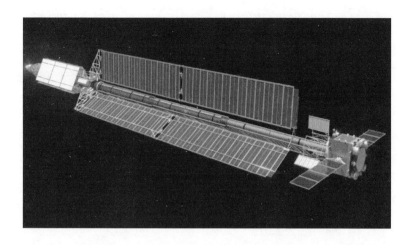

图 6　俄罗斯"宙斯"号核动力太空拖船的运输动力模块

（四）多项燃料电池、储能技术和新型产品问世，电池能量密度和安全性等又获提升

在电池储能技术领域，发达国家军队继续通过采用新技术、新材料、新原理，提升了电池能量密度、安全性、耐久性和经济性。2021年2月，美国陆军委托研制的特殊陶瓷材料锂离子电池成功进行了性能测试。6月，美国研究团队提出使用合金材料作为"嵌入型"阳极，可使锂电池在体积和质量小很多的情况下储存更多能量。7月，美国陆军未来司令部资助的先进能源技术研讨会召开，重点探讨了下一代军车动能、先进储能和战场关键设备供电等最新技术的突破和军事转化应用；会间展示了"xTech创新联合体"能源竞赛（陆军赞助的经常性竞赛）的6个项目，集中在提高军用电池安全性能和机动性上。9月，权威杂志《科学》报道，美国成功开发出一种具有高能量密度的硅全固态电池，创新性地同时使用固态电解质和全硅阳极，能量更加密集持久，500次充放电循环后容量仍可保持80%，代表了硅阳极和固态电池方向的最新进展，有望在电网存储、电动汽车领域得到广泛应用。12月,日本开发出锂空气电池,质量能量密度达到500瓦·时/千克(属于世界最高水平),蓄电性能达到锂离子电池的2倍,体积非常适用于无人机等。在电容器储能方面的新进展,2021年2月,澳大利亚研发出混合超级电容器,采用电容式碳化钛负极和电池式石墨烯混合正极设计,功率密度是锂电池的10倍,1万次充放电循环后存储容量仍有90%。3月,日本开发出使用"纤维素纳米纤维"(来自木材)的电容器,电极因新材料表面凹凸多、表面积大而大幅增加了蓄电量。

在军事应用方面,2021年3月,美国国防部宣布,陆军研发的50瓦改良甲醇燃料电池系统(Honey Badger 50)被国防部能源与环境国防中心选中,参加了2021年电池验证计划(图7)。该电池性能优越:燃料清洁易获取(可用玻璃清洁剂),质量小、噪声极低、安全性高;可以集成在士兵背包或板架上,在途中为单兵装备供电,成为可穿戴性单兵电池。该电池已在严苛气候条件下完成野外测试。12月,美国国防后勤局宣布,未来3~4年内都会采购使用BA-5390型锂锰电池(非充电),因多次在恶劣条件下经受住考验而获得认可。该电池具有卓越的可靠性、安全性和长寿命,主要用于通信设备、电子系统和其他多用途供电。

图7 美国陆军在单兵装备上集成可穿戴性甲醇燃料电池供电

综合动向分析

2021年10月,搭载日本国产先进锂电池动力系统的最新型"大鲸"级潜艇二号舰"白鲸"号下水(图8),进行最后的建造和海试后,计划于2023年3月交付日本海上自卫队。该潜艇排水量3000吨,弥补了无空气推进系统中铅酸蓄电池的短板;噪声低,静音性好,吸排气通气管性能好,隐蔽性强,是世界上屈指可数的高性能常规潜艇。该级别的第一艘船"大鲸"号于2020年10月下水,2021年7月开始海试,预计2022年3月投入使用。

图8 日本海上自卫队"大鲸"级潜艇二号舰"白鲸"号下水

(五)太阳能电池和光伏发电技术向前迈进,军事应用从天到地大小皆亮眼

2021年,外军在太阳能技术上的进展仍主要体现在通过研发使用新材料、新工艺而提高太阳能电池转换效率和太阳能光伏发电效能上。2021年2月,韩国发现了新型可折叠太阳能电池板新材料,解决了当前电池板不能折叠弯曲难以集成的巨大障碍。这种具有高透明度和机械弹性的单壁碳纳米管复合膜只有7微米厚,表现出出色的可弯曲性,嵌入导电层后材料结构发生变化能产生更多电荷，电池板光电转换效率为 15.2%。5 月，美国科学家宣布发明了一种基于先进陶瓷涂层的"分子胶"，可以将钙钛矿型太阳能电池各材料层更好黏合，显著提高钙钛矿电池的稳定性、可靠性和使用寿命，该技术获得美国能源部拨款。8 月，英国、加拿大、中国等国科学家共同合作，发现了电能在有机材料中高速移动传导的新方式，使研发下一代有机太阳能电池成为可能。8 月，美国能源部宣布拨款 4500 万美元，推动国内太阳能发电及并网新技术和新能力发展，这些资金将用于成立一个新的全行业联盟，以及 9 个太阳能硬件和制造项目的研发和商业化等。美国能源部长詹妮弗·格兰霍姆透露，未来 15 年内预计将有数百吉瓦的太阳能和风能上线，可再生能源成为美国最主要的新发电来源。

在军事应用方面，美国国防部在《2021 财年作战能源预算认证报告》中指出，美国武装部队的每个分支机构都在研究利用太阳能的新方法，根据美国太阳能工业协会数据，太阳能目前占国防部可再生能源补充计划的 60%。2021 年 3 月，波兰公司专门为军用开发的车载式太阳能移动供电单元在美国陆军试用（图 9）。该系统高度模块化，安装在标准集装箱内或各式车辆底盘上，具有传感器可以自动跟踪太阳运动以确保输出峰值功率，能够快速展收，被描述为"向各种军事基地和冲突地区提供能源的完美解决方案"，非常适用于为向前线作战基地、远征军事行动、高山海岛等偏远军事地区以及各种民用用途提供电能。

2021 年 11 月，美国海军中央司令部在约旦附近海湾对一种新型帆船式无人艇进行了实战测试（图 10）。该无人艇依靠风力航行，关键是配备有由太阳能供电的传感器组件、红外摄像头、自动识别接收器及雷达等，能够昼夜活动将有价值目标报告给用户，主要用于执行海上执勤、监测等长期任务，为海军提供一种相对廉价的方法工具。

综合动向分析

图9　美国陆军试用车载式太阳能移动供电单元

图10　美国海军对帆船式太阳能无人艇进行实战测试

单兵装备上，2021年6月，美国陆军和海军陆战队采购了大量120瓦太阳能发电毯（图11）。毯子使用薄膜硅电池，质量仅为6～8磅（2.7～3.6千克），一毯可为4块（最佳天气状态下）美军收音机和大型电子设备中的标准BB2590型电池充电（每块电池可为收音机供电12小时），携带它可大大减轻士兵负荷。

图 11　美国陆军使用太阳能发电毯为装备充电

在固定式光伏发电方面，2021 年，英国陆军全力推动 Prometheus 光伏发电场项目，为 2045 年前实现陆军净零排放的目标而努力。该项目包括 4 个试点场所，2021 年夏季前均交付使用，每年可节省 100 万英镑，减少 2000 吨碳排放。项目成功后将在整个英陆军推广，未来 7 年内，英国陆军将再建设约 80 个太阳能发电场。2021 年 4 月，印军在锡金州高海拔军营建成第一个绿色太阳能发电场，共安装 3176 块国产太阳能板，可产生 1 兆瓦电力，每年可节省军费约 1 亿卢比。

在太空太阳能利用方面，美国空军著名的"太空太阳能增量演示和研究"（SSPIDR）项目在 2021 年取得重要进展（图 12）。项目的核心思路是利用卫星在轨道上收集太阳能，将太阳能量转化为射频能量后传回地球，用于军用车辆、士兵分队甚至前方作战基地供电。项目的关键部件太阳能电池板有两层：一层收集太阳能的高效光伏电池；另一层用来实现射频转换和波束成形。经过两年多努力，2021 年 12 月项目已达到将太阳能成功转化为射频微波能的程度，迈出了关键一步，为后续建设天基太阳能发电站奠定了坚实的技术基础。

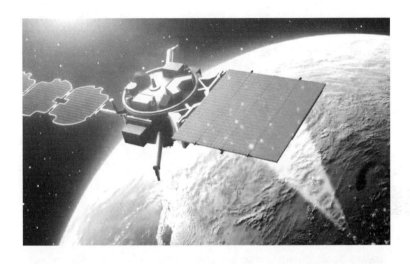

图 12　美国空军 SSPIDR 项目可以将收集到的太阳能直接传回地面

（六）大量建设固定式和移动式微电网，作为增强能源保障弹性的重要手段

为军事基地和重要设施打造微电网以增强其能源保障弹性，是 2021 年外军采取的重要能源举措之一，建设成绩非常突出。2021 年 2 月，美国空军委托施耐德电气公司为其驻日横田空军基地建设 10 兆瓦微电网，总投资 4.03 亿美元、有效期 25 年，年均可节约 2000 万美元。5 月，美国陆军为在加利福尼亚亨特利格特堡部署微电网举行奠基仪式，项目耗资 2160 万美元，整合太阳能光伏＋电气系统＋电池存储，2022 年初建成后将使这个陆军最大的预备役训练中心成为陆军第一个实现关键电力负载 100% 净零能耗的单位。10 月，美国空军部签署第一份能源保障租约，在佛罗里达州廷德尔空军基地建设 150 千瓦光伏太阳能阵列＋450 千瓦电池储能系统的微电网，由公司建造、运营和维护，为期 10 年，空军不承担任何建设成本。这种民用公司以租赁未充分利用的军队资产换取租金的项目仅空军就已执行了22项，收益预计超过1.08亿美元。11月，美国陆军对得克萨斯州胡德堡基地太阳能微电网进行了测试，证明基地的陆军机场通过微电网智能控制可以完全离网，借助微电网供电至少运行14天，满足了陆军指令2020-03号《能源和水弹性规划政策》的要求。

除固定式外，美军还在打造移动式作战能源微电网。美国空军研究实验室一直在开发"完整远征微电网"系统（图13），由放置在帐篷顶部的硅太阳能电池板、电池以及控制通信软件包组成，能够为远征部队提供移动电能，已经在东非远征基地和阿富汗基地进行使用，减少了50%基地柴油需求。

图13　部署在得克萨斯州拉克兰空军基地的"完整远征微电网"系统

2021年6月，美国陆军展示以车辆为中心的移动、快速成型、安全和智能的车载微电网原型（VCM）（图14）。VCM是可为下一代作战能力和联合作战概念提供动力的微电网，它可直接集成到战术车辆平台上，可在车辆之间分配电力快速构成分布式微电网，并通过中央控制器自动增加或减少车辆数量以实现整个微电网的最佳效率/弹性。VCM 未来用途广泛，能够为定向能武器和导弹防御系统，以及指挥控制、通信、情报系统提供移动电力，代表了美军联合参谋部在联合作战概念中重点关注的竞争性后勤保障能力。

图 14　车载微电网为陆军重型扩展机动战术卡车的 HEL–MD 激光系统供能

（七）混合动力技术向前发展，更多装备使用混合动力战技性能更优

2021 年 2 月，美国海军在海上成功开展了利用"蓝水"无人机对航空母舰自主补给装备器材的演练。"蓝水"海运物流无人机系统（图 15）是海军专门为海上特别是广阔或偏远海域的物流补给而研制的一种解决方案，其能源动力采用双燃料推进系统，由电力和 JP–5 喷气燃料混合提供动力，最大航程达 805 千米，有效载荷提升到约 14 千克（比同类无人机高出 20%），大量无人机同时使用保证了货物总运输能力。"蓝水"无人机是美国海军应用分布式作战概念的成果，是海军分布式后勤供应链中的一个组成部分，对于加强海上作战舰船或特定地区海上舰队的后勤物资运输补给将发挥重要作用。

图 15 美国海军"蓝水"海运物流无人机

美国陆军也在地面非战术车辆上积极推广混合动力技术和纯电技术，正在委托康明斯公司为其开发混合动力发动机，发动机功率密度提高 50%，燃料效率提高 13%；预计 2022 年 1 月接收首辆油电混合动力改装版的 M2 "布雷德利"步兵战车，测试成功后计划改装现役全部 22.5 万辆步兵战车。此外，随着政府电动汽车推进，英国陆军在 2021 年也部署战术车辆采用混合动力。

（八）无线能量传输技术攻坚克难，太空无线传能技术有望取得突破性进展

无线能量传输技术是全球重难点技术之一，特别是太空无线传能，本年度俄罗斯在这一领域又做出尝试。2021 年 11 月，俄罗斯能源火箭航天公司宣布计划利用激光在国际空间站与航天器之间进行无线输电试验，为此将在国际空间站俄罗斯部分的舱段外面安置发射器，在"进步"号货运飞船上安装接收器，然后借助激光先后在 1 千米和 5 千米距离内定向输电。试验代号"鹈鹕"，在全球尚属首次，若成功，太空无线传能技术将向前迈出重要一步，未来可为太空轨道上的各种小型卫星和其他航天器远距离无线充电，在月球轨道上向月球车输电，以及从太空太阳能发电站向地球上的军事设施和偏远地区提供电力，大大延长航天器使用寿命。总之，太空无线传能技术研究测试已列入俄罗斯在国际空间站的长期科学实验计划，将开辟一个全新的航天领域能源保障途径。

（军事科学院系统工程研究院军事新能源技术研究所
林璐　王耀辉　徐超）

2021年卫勤保障技术发展综述

2021年，大国关系面临新的调整、互动复杂博弈加剧，地区热点问题此起彼伏、传统与非传统安全交织蔓延，全球新冠肺炎疫情防控依旧严峻。面对复杂的国际形势，以美军、俄军为代表的世界主要发达国家军队继续加大无人化智能化卫勤保障技术的研究力度，同时，一如既往地重视新冠肺炎防控装备研发。为此，相继立项和研制出了系列新型疫情防控装备、生物安全防御装备，以及模块化、无人化、智能化卫勤保障装备，全面提升复杂战场环境条件下部队卫勤保障能力和疫情防控能力。2021年，外军卫勤保障技术主要呈现以下发展特点：

一、以未来战争卫勤保障新需求为牵引，加速推进新型卫勤保障技术研发

随着高新技术的迅猛发展及在军事领域的应用，战争形态和作战样式发生了重大变化，战场空间增大，立体化程度提高，军队卫勤保障难度增大，对战时伤病员的现场救治、快速后送技术与装备等均提出了更高的要

求。2021年，美国陆军正在研究如何使用自动驾驶车辆将受伤士兵带离战场。该项目源自陆军远程医疗和先进技术研究中心（TATRC）的一项110万美元的小企业创新研究资金，项目执行主体为总部位于宾夕法尼亚州的RE2机器人公司。该公司自2020年11月获得该项目以来，已经分三阶段展开研发。第一阶段是开发一种名为"生命线"的医疗模块套装，核心功能是让1名医疗人员就能把2副担架先后举升并在车上排放好，然后执行医疗后送。"生命线"医疗模块套装是班用多用途运输装备（SMET）项目的一部分，该项目又称为"机器骡"，主要用于帮助陆军班组运送装备和其他物品。自主伤员后送系统是该项目的第二阶段，ACE系统以FLIR公司的Kobra无人地面车辆为主要平台，能把300磅（136千克）的物品举升到11.5英尺（3.5米）高度。RE2机器人公司在此平台上加装高度灵巧的双臂操作系统（HDMS）和基于计算机图像增强技术的人工智能与感知软件，从而能自动识别伤员的位置，并将伤员安全地转移到医疗车上，从战场后送到安全地带。如果陆军决定继续这项研究，RE2机器人公司将在两年后开展第三阶段工作。

2021年4月，美国海军已投资2.3亿美元，授权奥斯塔美国（Austal USA）公司建造2艘具备加强医疗能力的双体船，使其成为海上高速救护船，用于美国海军海上灾难救援及人道主义援助。根据美国海军陆战队提出的在太平洋区域内远征前进基地作战能力要求，现役2艘医院船已无法满足未来作战灵活机动、快速响应的要求，必须寻求更快速的海上救援平台。新建的2艘海上高速救护船是在远征快速运输船（EPF）的基础上对其医疗区域进行升级改造而成，分别是远征快速运输船第14号舰（EPF-14）和第15号舰（EPF-15）。与医院船一样，这两艘船入役后将隶属于军事海运司令部。该型船航速可达40节，载员300人；可允许MV-22"鱼鹰"倾转旋翼机起降；拥有1间手术室（2张手术台）、18张重症监护床位，最多可搭载医务人员100人，具备开展综合前沿复苏手术的能力，基本定位为二级增强救治，初级保健不是其主要任务，主要功能是开展综合复苏，并稳定前线术后伤员伤情，减少伤员后送。除建造海上高速救护船以外，美国海军还在对远征医疗船（EMS）的概念进行论证，该船也将基于远征快速运输船设计建造，具备初级保健能力，可能会像医院船一样带有红十字标志。

2021年初以来，俄军不断通过列装新型战伤救治装备，提升卫勤保障能力。2021年1月上旬，俄军南部军区卫勤分队列装了13套АП-3型自动包扎模块综合体。АП-3自动包扎模块综合体是一种模块化卫生装备，采用配备骨架帐篷和现代化医疗设备的汽车为底盘，主要用于为作战行动中受伤的军人提供止血、包扎等初步的医疗救治。АП-3自动包扎模块综合体能够在1小时内完成7名伤员的救治工作。储备的医疗器材和物资能够确保自持时间不少于24小时。2021年1月下旬，俄军中部军区驻萨马拉州特战旅列装了一批"透镜"防雷型轮式装甲医疗车（图1）。"透镜"装甲医疗车采用俄军4×4卡玛斯-53949卡车底盘和卡玛斯610.10-350柴油发动机，具有良好的越野性能，主要用于战场伤员搜索、收容和后送。车内为乘组人员安装有3个座椅，为伤员安装有6套可折叠座椅；另外，还可以放置2~4副担架，可同时运送4名卧姿和6名坐姿伤员。"透镜"装甲医疗车外形尺寸（长×宽×高）7130毫米×2550毫米×3100毫米，整备质量16吨，最高速度可达105千米/小时，配有两个容量为180升的柴油油箱，最大行驶里程不小于1000千米。该车还具有增强的防雷功能，车身和底盘均配有防护装甲，底盘能够抵御8千克TNT炸药爆炸冲击，能够为乘组和伤员提供有效防护。俄军计划于2025年前完成该车在所有部队的配发工作。

图 1 俄军"透镜"装甲医疗车

二、持续紧盯新冠肺炎疫情防控需求，不断加大疫情防控技术研发力度

2021年，新冠疫情依然在全球肆虐，防控形势仍旧十分严峻。为提升军队疫情防控能力，更好地保护军队人员健康，以美军为代表的各国军队继续高度关注疫情防控技术研发，并应用了多种新型疫情防控装备。2021年，为应对美国本土日益严峻的新冠疫情，美国陆军正在研发并计划装备"集成视觉增强系统"（IVAS，图2），以快速测量士兵体温，提升军队新冠疫情防控能力。IVAS是美国陆军与微软公司合作开展的研究项目，是美国陆军"士兵杀伤能力现代化优先项目"的关键子项，基于微软公司HoloLens头显系统的军用改型版本，旨在为士兵提供平视显示器，以便其能够查看战术地图以及武器瞄准镜。美军早前宣布，计划在2021财年第四季度开始部署该新式装备。在当前新冠肺炎肆虐的情况下，美国陆军提出将IVAS的数字热传感器作为一种即时诊断工具，用于检测士兵发烧症状。应美军要求，微软公司对HoloLens头显系统的控制软件进行了调整，使其能够快速检测到发烧症状。佩戴头显系统的士兵可对其他士兵进行5秒扫

描，以测量其体温，体温超出正常值的士兵会被转交给医务人员进行再评估。该系统测量 300 名士兵体温不超过 30 分钟，该方法比使用传统温度计更快速、更经济、更卫生。

图 2　美国陆军集成视觉增强系统

2021 年 2 月 18 日，英国史密斯探测公司宣布，据美国陆军传染病医学研究所（USAMRIID）开展的测试显示，该公司开发的 BioFlash 生物战剂检测仪（图 3）能够检测出经空气传播的新冠病毒。该测试是在美国马里兰州德特里克堡的一个生物安全三级隔离区内采用新冠活病毒进行的。测试结果显示，BioFlash 生物战剂检测仪采用的新冠病毒 CANARY 生物传感器能够快速检出和识别出是否存在低浓度的气溶胶化的新冠病毒。美国陆军传染病医学研究所证实，BioFlash 生物战剂检测仪能够在受控环境中检出至少约 6000 个经空气传播的、可致感染的新冠病毒颗粒。检测结果同时显示，它与流感和中东呼吸综合征（MERS）没有交叉反应，这是对新冠病毒进行环境监测的重要考虑因素。BioFlash 生物战剂检测仪是基于 CANARY 技术的新一代生物气溶胶快速识别鉴定系统，可快速、高灵敏度和高特异性识别生物战剂及其他病原体，包括细菌、病毒、孢子和毒素等；配备多通道分析卡，最多一次可识别12种生物有害因子，样本采集流量高达480升/分钟，样本粒径范围1~10微米，具备PCR级的灵敏度和特异性，自动去污清洗，自动声光报警。CANARY技术已经通过了美国陆军埃奇伍德生化中心、美国巴特尔纪念研究所和美国陆军达格威试验场等多家权威军事技术检测机构的测试，并在多个美国政府大楼的生物安全监测中得到验证。

图3 英国BioFlash生物战剂检测仪

三、积极探索野战医技保障新技术，助力战伤救治综合保障能力提升

为提升战场伤员综合救治能力，近年来，以美军为代表的发达国家军队积极开展野战条件下医技保障新技术和新方法，相继开展了新型血液、输注液制备，超声诊断技术装备的研究，最大限度地提升战场伤员救治综合保障能力。静脉注射液是战地医疗必需品，但经常出现液体用尽或战场上士兵无法及时得到医学治疗的情况。为解决此问题，美国陆军医疗物资研发管理局与美国TDA研究公司2021年合作开发了一款公文包大小的新型野战医疗装备——野战乳酸林格氏溶液生成器（图4），用于战场前沿伤病员的治疗。乳酸林格氏溶液由钠、氯、钾、钙和乳酸组成，主要用于脱水治疗，还可用于输注药物以恢复体液平衡。此外，有证据表明乳酸林格氏溶液可提高伤病员的初期生存率并降低器官损伤的概率，也用于中度出血性休克的治疗。该装备体积和质量小，便于携行，质量不到5千克，尺寸（长×宽×高）为254毫米×457毫米×152毫米，可通过可充电锂电池供电，每次充电可在恶劣环境条件下就地利用淡水生产30袋（升）以上的乳酸林格氏溶液；也可通过专利技术利用浓缩乳酸林格氏盐溶液，在6分钟内制备一个1升注射用水。其原理是向水中注入无菌钠、钾和钙浓缩液，然后将混合物过滤到静脉注射袋中，以合成浓度适宜的注射液。乳酸林格氏溶液生成器研究项目获得了美国国防卫生署小型企业创新研究计划提供的100多万美元资金支持，目前还处于样机试制阶段。该设备有望大幅减少美国陆军后勤负担，使其无需再运输和存放乳酸林格氏液。只要有水源，哪怕是沟渠水，该装置也能转化出这种液体。

图4　美国陆军试验野战乳酸林格氏溶液生成器

美军对开发一种能够治疗失血引起的创伤性凝血病（TIC），且储运条件宽松、具备全血关键功能的产品需求十分迫切，DARPA 2021 年 5 月宣布启动项目——基于生物人工复苏产品野战失血解决方案（FSHARP），旨在充分利用人造血液替代技术，在严峻的环境中降低伤病员的死亡率。该项目的目的是利用前沿技术，满足血液替代品的迫切需求。FSHARP 项目将联合三个领域的创新，最终克服全血在前沿环境中的运输及储存中存在的困难：一是设计血液成分替代品的新方法，将人工模拟的血液成分集成到近似全血的复苏产品中；二是开发制造和稳定技术，以确保在特殊环境中全血及替代产品的可用性和功能性；三是减少对血液产品捐献的依赖，基于临床需求设计并按规模生产血液替代产品。FSHARP 项目研究周期为期 4 年，分为两个连续的阶段，每个阶段 24 个月，包括两个技术领域（TAs）。TA1 是血液替代品开发领域，目标是开发多种治疗活性生物人工成分，用于解决供氧、止血和扩容问题。该技术领域在第二年末必须基于动物模型研发能够实现 30% 全血功能的产品，并没有安全性问题。第四年末必须在 3 种创伤模型中实现 10% 的全血功能。TA2 是生产和稳定储存技术的研究领域，目标是开发化学修饰和制造方法，使 TA1 开发的产品能够以易于供应的形式生产，能在各种环境条件下维持一定的功能，在一定的时间内生产足够的数量，以满足军队的需求。第四年末的目标是能够在 1 周内生产 50 单位，在不同温度下可以储存 6 个月，且成本及质量（组成复苏液之后的质量）小于全血。为了该产品最终能够向美国食品药品监督管理局（FDA）进行新药申报，FSHARP 项目还准备了第三阶段的研究，即项目的第五年，要求 TA1 团队准备好向美国食品药品管理局申请新药的相关资料及所有研究内容，并在大动物模型中验证体内的安全性。TA2 则需要为后续的临床研究开展试验产品的良好生产规范（GMP）生产验证，确保后续临床试验的药品供应。第三阶段是否开展，主要取决于之前两个阶段中两个技术领域成果的完成情况。

2021年5月，DARPA正在开展便携式超声自主判读人工智能（POCUS AI）项目，如图5所示。美军认为，在未来战场，伤员的快速撤离可能会受到限制，这就需要能在战场上快速准确地对伤员进行医疗救治。为此，迫切需要部署便携式即时超声诊断设备，以便能够在战场上以快速准确地处理多种类型的损伤。然而，目前该项装备的发展面临着多种困难和阻碍，诸如后勤挑战、经费问题，最重要的是缺乏受过此类仪器使用培训的前线医务人员。基于此原因，DARPA正在开展便携式超声自主判读人工智能项目，旨在通过先进的人工智能技术来快速、准确地处理战场上的各种损伤，为未来应用于野战医疗救治领域奠定基础。以往通常需要数千张图像才能完成的诊断，利用人工智能只需几十张超声图像即可完成。目前，DARPA已选择 Kitware 公司、Netrias 公司、Novateur 公司、卡内基梅隆大学和德雷塞尔大学五个研究小组来开发算法，并创建人工智能模型，为多种应用提供超声数据的实时解释，以满足国防部的四个关键战场医疗需求，包括气胸检测、视神经鞘直径测量、神经阻滞引导和气管插管验证。该研究项目为期18个月，共分为两个阶段：第一阶段为可行性研究阶段。为期9个月，合同金额50万美元，将评估利用有限的模型训练数据开发用于便携式超声数据分类的人工智能模型的可行性。要求使用不大于15组的气胸阳性即时超声数据集对AI模型进行训练，AI模型应在5秒内给出判读结果，判读测试超声集的准确率不低于90%。第二阶段为概念验证阶段。为期9个月，合同金额50万美元。将验证模型在多种超声应用中的使用。DARPA将为每个损伤应用程序提供国防部医疗设施采集的超声数据，以训练、验证和测试人工智能模型，要求AI模型能够测量视神经鞘直径、定位神经阻滞，并验证气管插管。

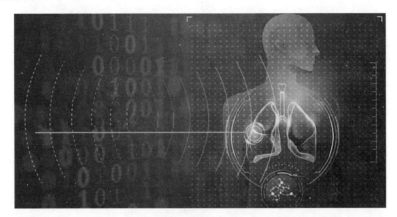

图 5　便携式超声自主判读人工智能项目

四、以提升生物安全防御能力为目标，高度重视新型生物安全防御技术研发

2021 年，世界主要发达国家军队继续高度重视生物安全防御能力的提升，加大新型生物安全防御技术与装备的研发力度，研制和装备了一批先进的生物安全防御装备，大大提高了军队应对生物恐怖袭击的能力。据美国陆军网站 2021 年 2 月报道，美军达格威试验场（DPG）的一个配列单位——美国陆军生物测试处，开始利用模拟战剂对生物战剂侦检器进行测试。这是自 2015 年美国犹他州测试机构的指挥权从 DPG 转移到埃奇伍德化学生物中心（ECBC）以来，陆军生物测试处首次进行的生物侦检装备测试。此次进行测试的是美军联合生物战术侦检系统（JBTDS，图 6），预计将取代更大更重的联合生物点检测系统（JBPDS），JBPDS 通常配载在车辆和船舶上使用。JBPDS 在 21 世纪初在 DPG 进行了广泛的测试，并于 2009 年被批准进行全面生产，目前仍在使用。JBTDS 与 JBPDS 相比，其是一个

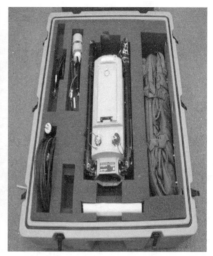

图 6　JBTDS 进行测试

轻型的、可放在背包里单兵携带的、电池驱动的侦检系统，仅需要较少的样本就可在近乎实时的情况下侦检、采集和识别生物战剂。当有生物攻击发生时，JBTDS 有利于部队防护能力的提升，可进行医疗对策辅助决策，以最大限度地提高战斗力。通过联网，JBTDS 可增强现有生物侦检系统能力，以实施整个战区的生物战剂侦检和报警。另外，JBTDS 主要采用聚合酶链式反应更可靠地识别出可疑的威胁，这种方法可以快速地对特定的 DNA 进行数百万或数十亿次的复制，将样本放大以进行有效的识别。当警报响起时，操作员从 JBTDS 的采集器中取出干燥的过滤器，然后用液体从过滤器中提取样本，进行初步识别，剩余的液体样本被带到实验室，以进一步确认。在测试过程中，每次有 3 个 JBTDS 侦检器在一个密封室中接受测试，所使用的战剂包括空气中的细菌、病毒、孢子和生物毒素等。JBTDS 的测试将一直持续到 2022 年的春天。将进行 7 个子项测试，以观测 JBTDS 在不同环境中的表现。侦检器/采集器将采用 20 种不同战剂和一种模拟物进行测试。测试要求严格,以确保 JBTDS 可在广泛的条件下可靠、精准地运转,以便为美国军方及其盟友提供有效的防护。

DARPA 于 2021 年 2 月披露,DAPRA 生物技术办公室启动"全球按需供应核酸"项目,致力开发集装箱式应急医疗产品制造平台,可快速生产、配置、包装数百种合成核酸治疗剂,较之基于细胞的核酸制备方法,生产周期有望由年、月缩短为天,可为美军全球行动面临的传染病、化生放核威胁提供即时响应。项目合同授予美国莫德纳公司、通用电气研发中心,计划分三个阶段推进:第一阶段主要研究合成核酸的新生物、化学制备方法,开发新型在线提纯和分析工具,提升合成核酸的生产效率;第二阶段主要设计标准化、自动化合成核酸生产线,研制集成化、端对端的移动制造平台;第三阶段侧重开展人体临床研究,对比检验平台产品和传统产品的一致性治疗效果,生产国防部指定疾病的治疗药物。

(军事科学院系统工程研究院卫勤保障技术研究所
高树田　王运斗　宋振兴　李昊)

2021年军需保障技术发展综述

先进技术的运用始终是维持军事优势的手段之一。2021年，新一轮科技革命给军需保障技术带来新的挑战与机遇，各国军队在防弹技术、军需材料技术、人体增效等技术上持续发展，取得一定突破。

一、制造工艺取得进步，推动防弹装备实现轻质高效

防弹衣及头盔始终在单兵装备中扮演着核心角色。现代防弹材料历经数10年发展，当前该领域材料技术水平已接近顶峰。为在提高防弹能力的同时降低单兵负荷，国外通过使用新材料、创新制造工艺，不断实现着防弹装备的轻质和高防弹效果。

美军在防弹装备制造方面多年来持续变革，充分利用社会科研力量，调整民用技术进入军用领域。美国的3D设计软件公司General Lattice已与美国陆军签订合同，利用先进3D打印技术突破材料工艺限制，结合晶格结构设计，制作出可以极大提高头盔冲击吸收能力的防弹材料，该技术可以

解决当前头盔中使用的传统泡沫材料的技术瓶颈问题；同时，借助采集的真实数据设计和生成头盔的优质晶格材料，并在现实环境中测试，确保了头盔性能。此项技术的应用，将满足美国陆军作战能力发展司令部士兵中心的关键性能要求，增强了士兵的野外防护和生存能力。

与此同时，美国麻省理工学院也聚焦晶格结构材料研究，针对此种材料的抗超声速冲击韧性开展针对性攻关。研究表明，一种热解碳的晶格结构具有更大的吸收、扩散冲击空间，可吸收大量能量且密度更低。在实验中，使用激光将微小弹丸加速至3959千米/小时后击中该材料，弹丸嵌入框架但未穿透，未被击中的结构仍保持完好。在相同的特定冲击能量下，该材料的能量耗散水平比凯夫拉复合材料和纳米级聚苯乙烯薄膜高出70%，具有用于研发新型防弹衣和航天器防护涂层的潜力。

二、先进材料创新发展，推动军需保障多领域异彩纷呈

关键材料产品日新月异，产业升级换代步伐加快，信息基础材料的需求不断攀升，高端装备制造的支撑材料已经成为新材料产业发展的核心关键。

美国加州理工大学以智能力学织物制备出具有可调弯曲模量的智能织物，该智能织物可以感知、响应环境刺激，实现医学检测、可穿戴计算、能量收集等应用。研究人员利用三维粒子组成分层链甲，制成具有可调弯曲模量的智能织物。首先根据古代链甲的互锁元件结构，设计中空的互锁三维粒子；然后将三维粒子两两相互旋转90°后互锁，组成2层链甲；采用3D打印技术制造链甲原型，再在边缘处施加压力以触发互锁粒子间的干扰，调节链甲的力学性能。测试表明，随着边缘压力从0千帕增加到约93千帕，

链甲的弯曲模量单调增加，从约 1.4 兆帕增加到约 36.3 兆帕；将质量 30 克的不锈钢球以 3 米/秒的速度坠落到悬浮织物上，未施加压力（0 千帕）时，织物发生 26 毫米的形变，施加 67 千帕压力时，仅发生 4 毫米形变。

美国加州大学伯克利分校和马萨诸塞大学阿默斯特分校的研究人员利用生物降解技术，研发出一种易降解塑料。这种塑料在制造过程中会加入一种"吃"塑料的酶，这种酶遇热或遇水就会脱开塑料罩，开始降解塑料。以主要由聚乳酸构成的生物可降解塑料为例，它在降解时能还原为乳酸，可为土壤中的微生物提供养料。微塑料是很多化学降解过程中产生的副产品和污染物，此工艺的目标是消除微塑料。使用这种新工艺制造成的塑料，98% 都可以降解成小分子。这项技术还有其他用途，如用在损坏的设备或车辆零件中，使其能够自我降解。

此外，世界其他主要军事强国也持续致力于突破材料限制，提高防护能力。在俄军第四代"战士"士兵系统项目中，拟通过研制一种聚乙烯装甲，配合达到其防护装备代次提升的需求。当子弹攻击聚乙烯装甲时，子弹的热量会使聚乙烯熔化并粘附在子弹上，减缓子弹的速度。如果在子弹行进途中有足够的聚合物材料，就会使子弹完全停止，起到有效的装甲防护作用。这种聚乙烯装甲被称作 Supernit（超级螺旋），比以色列和美国的防弹装甲更轻，能够提供更好的防护能力，可以抵挡 12.7 毫米子弹的攻击。

三、混合现实技术投入实用，推动单兵态势感知能力不断增强

在混合现实技术的建设与应用方面，以美军为首的国外军队已经将增强现实技术配备到真实的战场应用中，把许多概念转化成可实际使用的装备。在国际军事领域，模拟军事训练、军事演习、作战辅助、军事指挥等

应用场景都有增强现实技术的应用，这对于提高军事训练效率、降低成本具有明显作用。美国等发达国家研制的混合现实眼镜已经批量配发军队并用于多种军事场景，功能完备，人机交互流畅。2021年3月26日，美国国防部与微软公司签署了价值218.8亿美元的采购合同，微软公司将在接下来10年内为美军生产12万套"集成视觉增强系统"（IVAS）。整个系统基于混合现实（MR）技术开发，集多种优点于一体，有望实现防护、夜视、导航、精确定位以及敌我识别多种功能的有效统一，从而增强士兵的战场态势感知能力。

四、外骨骼技术加大研发，推动人体机能整体提升

为更好地适应未来智能化作战的环境需求，外军计划通过人体增强生物交叉技术群，打造作战能力超凡的"超级战士"，整体提升作战体系的效能。例如，通过军用外骨骼增强士兵力量、速度和耐力，通过仿生技术来优化士兵的能力。

美军在DARPA的"增强人体机能的外骨骼（EHPA）系统"项目推动下，外骨骼研发投入持续增加，技术不断取得突破。

一是由下肢型向全身型发展。XOS-2是目前应用较为广泛的全身型外骨骼，由高压液压驱动，可使穿戴者将90千克的重物反复举起几百次而不会感到疲劳，还可重复击穿厚度为76.2毫米的木板，自然地随人体做出拳、俯卧撑、下拉等动作；缺点是能耗大，自带电池只能使用40分钟，需拖着一条电缆供电。Guardian XO是目前最先进的全身式外骨骼，30秒内即可完成穿戴，几毫秒即可对穿戴者的动作做出响应，可将人力放大20倍，有效负荷达到91千克；通过内置电池可实现8小时续航，在热插拔系统加持下，

能够不间断地延长操作时间,具有广泛的应用场景和空间。

二是由功能单一型向功能集成型转变。美国特种作战司令部新研制的"轻型战术突击作战服"(TALOS),是一款集成全身轻型护甲、助力外骨骼、内置显示器、态势感知、生理监控系统的综合性外骨骼系统,士兵腿部使用液压外骨骼系统,可以帮助巡逻途中的士兵节约体力;通过连通士兵皮肤的传感器,可随时获得士兵的体温、心率、运动状态和呼吸数据,有助于维持特种士兵在执行高危任务时的生存性;头部使用美军最先进的GPNV–18四目夜视仪,让士兵拥有更宽阔的视野,并可将作战所需的数据投射到夜视仪目镜中;轻型护甲可以阻挡子弹或者弹片。

三是由硬性向柔性改进。美国研发的"勇士织衣"(Warrior Web)外骨骼,采用先进的防弹材料制成,质量小于9千克;利用弹性元件储存和释放能量,并能够同步为电池蓄电,重复使用能量降低能耗,能够将背负45千克重物、以1.25米/秒速度在平地行走的士兵的代谢消耗减少25%,在不充电的情况下可持续工作24小时。

(军事科学院系统工程研究院军需工程技术研究所　韩笑)

(陆军后勤部战勤计划局科技训练处　马云飞)

2021 年维修保障技术发展综述

2021 年维修保障领域，突出信息化、智能化维修保障模式创新，重点关注人工智能技术、增材制造技术、基于状态的维修技术及增强现实技术的开发应用，并取得了积极进展。

一、人工智能技术加速应用，维修保障效能提升明显

2021 年，美国国防部和各军种继续加强人工智能技术在维修保障领域的应用，并总结经验教训，加以整改。2021 年 8 月 13 日，美国《防务新闻》周刊报道，美国陆军未来司令部研究确定了未来 5 年人工智能技术的研发需求，包括 11 个研究领域，重点是数据分析、自主系统、安全和决策支持。

一是使用人工智能/机器学习预测国防部维修费用。美国完整智能技术公司开发了技术平台，使用先进的人工智能和机器学习来预测维修费用。它将安全环境中的企业数据与全球经济、市场、行业和其他数据中的数十亿个数据点结合起来，通过数亿次计算，对一个组织的具体成本预期不断

进行评估，同时考虑所有可能会对成本造成影响的因素，如季节性、周期性发生变化的地理状况、行业部门、经济概念、货币市场和全球价格等。该公司研发的技术平台将使国防部能够利用现有数据集更好地规划和确定维修费用的决策方法。该技术还有助于美军维修执行指导委员会和基地级维修联合小组解决维修费用不可预测，规划和预算编制困难的问题。

二是开发基于地图的人工智能维修控制塔台。美国国防部有100个维修保障基地遍布海内外，这些保障基地以最少的信息数据共享方式自主运行。国防部维修和持续保障综合设施目前缺乏一个通用的运作视图，为此，美国穆拉诺公司提出设计研发一种基于地图的人工智能维修控制塔台，以提供一个整体的、集成的、接近实时的国防部维修保障基地和持续保障活动的通用操作视图。该控制塔台可以融合基地设施、备件库存、供应商、人员、工作订单、任务、环境等各类信息。地图上可以显示所有美军维修基地的具体位置，以及当前的运维状态、工作订单、可用资源、修理件库存；可以预测未来保障基地的运营状况、产量、可用维修中心的情况和等待时间、待处理的工作订单完成时间、修理件库存供应等信息；提供维修相关的知识和实践指南。该平台可促进基地级维修的能力规划，提高各军种的战备能力。

三是利用人工智能技术改善"多域作战"维修器材供应链管理问题。要想保持多域作战战场优势必须具有比对手更稳定的物资器材保障和更庞大的物资器材规模，同时要有充裕的行动时间和可实现自我维持的条件。在与大国为对手的多域作战中，美国陆军将面临供应链无法送达前线和缺少战术层面分配能力的问题。美国陆军保障人员正在研究将人工智能技术应用于补给链管理，力图解决维修保障器材供应这一能力弱项。这些应用场景包括设定库存安全水平、运输网络设计、采购与补给管理以及需求规划与预测。未来保障人员将利用人工智能技术，在战前根据补给申请的模式或供应调查来预测作战部队需求。通过机器学习软件或流程自动化来创建这些补给申请模式，使作战部队能够按时、提前获得补给物资。目前，美国陆军全球作战保障系统内置的算法可以完成自动监测、预测、审计和管理未来申请，并能完成部队和供应商之间的合同程序。美军正通过算法改进或嵌入新的软件完善这一功能，使系统具备更强的对战场保障状况的感知能力，包括补给物资的位置、去向、消耗模式、预期的补给率等信息，增强系统的预测管理水平。

二、增材制造技术全维发展，战场应急维修能力得到加强

2021年增材制造技术在材料设计、产品开发、打印机研究和质量控制方面有了新的发展。

一是在优化增材制造设计方面，因为制造过程本身的特殊而具有某些特定的属性，对老旧装备系统备件的制造关键是获取原零件的数据信息或进行重新设计。德国慕尼黑联邦国防大学和德国材料、燃料和润滑剂联邦国防研究院的研究人员采取基于特征分类的方法对增材制造备件进行了重新设计研究，探索了两种重新设计方法：第一种方法是创建复制品，设计重点是使零件看起来与原品没有区别，其功能也完全相同；第二种方法更倾向于工程驱动，允许增强、优化和实施增材设计改进。第一种方法更像是备件的改编，重点关注与原始备件相似的部分。第二种方法属于功能驱动，运行修改增材制造设计。研究人员使用两种设计方法对粉末床熔化增材制造的4个零件进行了比较。结果表明，设计空间越不受限制，就越可能获得更好的结果。采用第二种方法显著减少了建造的体积和设计时间。第

二种方法与第一种方法相比，所应用的支撑结构较小，能够节省材料。总体而言，按照第二种方法制造的备件在力学性能上稍好，成本也较低。尽管第二种方法更受设计单位的欢迎，但客户更喜欢第一种方法设计的备件，对其接受率为 100%，而第二种方法设计的备件接受率仅为 25%。客户认为，如果备件性能良好，则不必再重新设计，精确复制老产品就好。

二是在增材制造的质量监控方面，增材制造通过数字文件在各个地点分布式制造零件，但并不是每个地点都设有专门的监管机构，因此，打印出的零件并不能保证全部没有缺陷或完全合格。增材制造的一大缺点是生产出的材料存在强度/力学性能下降，这限制了增材制造技术进一步的推广应用。加工过程中一些细小的变化都可能造成这些缺陷，通过了解这些缺陷的形成机制，就可以更好地控制或改进现有的设计和生产流程。因此，其质量监控问题成为重点关注事项。2021 年，美国空军研究实验室开展了对金属 3D 打印进行缺陷控制的技术。美国空军研究实验室与诺斯罗普·格鲁曼公司展开合作，在劳伦斯利弗莫尔国家实验室利用连续切片技术进行过程建模工作，探索将先进的材料特性研究工具和过程建模技术结合起来，以确定哪些行为会在增材制造过程中导致产品缺陷。研究人员利用建模工具对材料处理策略进行了测试，以消除这些会影响材料性能的操作。这项研究有助于确定缺陷的形成机制，并找到避免缺陷的方案。

三是在打印机开发方面，为满足不同应用场景维修备件的补给需求，美军积极开发新的打印机系统。美国国防后勤局要求 ExOne 公司开发 3D 打印方舱，可通过陆、海、空运直升机部署到野外，为战区或就近提供装备零部件保障。该方舱包括 3D 打印扫描仪和准备站、金属和陶瓷黏合剂喷射 3D 打印机、固化加热箱、纤维增强塑料 3D 打印机和压缩成型设备，可支持采用 20 多种金属、陶瓷或复合材料进行零部件生产，并能存储零件的电子图像用以快速设计或修改。利用该方舱，可在 48 小时内为受损零件制造出替换件，显著降低战场保障时间和成本。美国科巴姆高级电子解决方案公司与瑞士 SWISSto12 公司合作，探索将 3D 打印技术用于电子元器件制造。SWISSto12 公司开发的软件和新化学蚀刻工艺能以更高的精度 3D 打印电子器件。该项目将显著降低军用雷达和航天系统中射频部件的成本和重量。另据美国航空杂志 2021 年 9 月 6 日消息，美国海军授予了 Strtasys3D 打印机开发公司一份 2000 万美元的合同，将在未来 5 年里购买 25 台 StrtasysF900 3D 打印机，首批 8 台预计将在年底前交付。除打印机之外，合同还包括对所供系统初期支持和维护、材料以及初始培训课程开发等内容。此次购买的打印机将配发给美国和日本的基地，可能会用于生产零件、加工工具和培训辅具等，也可以帮助美国海军实现利用分散增材制造方式维护全球基地机群的目标。

三、基于状态的维修技术深入发展，维修保障可靠度持续提升

基于状态的维修由状态感知和基于分析的综合决策驱动，可将设备维修从过度的预防和不定期的维修转变为一种更积极和更有预见性的维修。基于状态的维修的重大挑战包括开发基于精确的物理、材料科学的方法，利用现有的和独特的传感器来确定设备状况。2021 年，国外基于状态的维修技术主要进展有：

美国加斯托普斯公司提出了车辆基于状态的维修解决方案。利用实时传感器不断更新损伤模型，通过故障损伤模型（数字孪生）驱动系统部件进行基于状态的维修。此解决方案将强大的预测数据分析与新的实时传感器应用于美国车辆和飞机，可对传动系统关键部件损坏发出指示和预测。

该系统开放的数据体系结构便于和安全的车辆健康管理系统集成。最大限度地提高战备状态，提高可靠性，减少后勤负担，并尽量减少寿命周期费用。

美国陆军研究基于光学的飞机健康使用与监测系统。美国陆军在小企业创新研究计划中发布需求，提出开发基于光纤的飞机健康与使用管理系统。利用光纤输入和传感器进行飞机数据记录和分析，从而提高飞行安全性、战备水平和作战效能。美国陆军正在寻求新方法开发健康与使用管理系统，能够从多个光纤源收集数据，这些光纤源可以测量飞机关键部件的应变、压力、温度和加速度。典型的健康与使用管理系统从机身、发动机和航空电子设备接收输入并实施分析，更新飞行状态。系统可根据数据趋势判断可能发生的灾难性故障，并对飞行员发出提示，防止飞机坠毁。基于光纤的感知和数据系统比传统策略系统质量小得多，不受其他信号源和被动无线信号干扰，且支持高度多路复用传感。

美军开发无人机电池健康管理技术。电池充放电是电池维修保养的一项重要内容。随着无人机的广泛应用，对无人机的安全性和可靠性提出了更高要求。要求为无人机开发电池管理系统，以对电池进行健康监视与安全告警，提高飞行任务的安全性，防止电池发生严重故障甚至在空中飞行时发生热失控。这种智能电池管理系统可以在危险情况出现前就检查到电池的化学和电气异常，可以输出电池的循环次数、电池剩余电量和健康状态，同时可以补偿极端温度或过低使用等问题。在出现故障表征时，该系统向操作员发出警告，使无人机在远离人群的地方安全着陆。在部队层级，通常需要为每架无人机配备几个备用电池，但是随着无人机数量的不断增加，电池需求量空前增大，库存一度告急。因此，建立联合充电网络，在固定位置为多个无人机电池同时充电成为新的需求。该网络可以实现全天时电池充电管理，并用于确定飞行任务的优先级。此外，还要求能够持续跟踪电池的老化和故障，在无人机任务返回后自主为其更换电池。

美国预测电子公司使用声传数据对战斗车辆进行预测和健康监测的研究。对战斗车辆的健康状态进行监测需要面对恶劣的条件、动态的作战行动模式和数据质量，以及在车辆上增加仪器的挑战。战斗车辆预测和健康监测的解决方案通过使用声传数据来解决这些挑战，特别关注与仅使用控制器局域网总线数据造成的故障敏感性缺乏有关的问题。车载麦克风是一种费效比高的解决方案，可用于检测多个来源的差错状态或异常。利用现有的车载麦克风和控制器局域网总线的上下文数据可以大大降低成本，并改进目前仅使用该总线数据的中队车辆的预测监测解决方案。针对战斗车辆的听觉误差状态和异常，特定的应用方法还有待充分研究探索。

四、增强现实技术又有进展，维修保障手段得到拓展

增强现实技术是目前维修创新的重要方面，它允许用户通过实时叠加数字信息来增强视野。2021 年，美国伊特娜公司凭借其在增强现实、混合现实和虚拟现实方面的专业知识，开发了增强现实套件。该套件建立在美国参数技术公司的 Vuforia 平台上，它适用于各种设备，如智能手机、平板电脑、智能眼镜、头戴显示器等。增强现实套件的主要功能包括：Aspect，检查指导修理和保养，包括三维模型和 CAD 设计，可用于修理和维护操作，并提供有一套电子用户手册；iAssist，远程协作和服务，可通过使用音频通信和视频通信以及聊天、屏幕注释等方式远程访问服务技术

人员和专家，为远程专家与本地操作员或技术人员之间的远程协作提供了途径。该技术的应用可提高维修效率15%～20%，保障基地生产率提高46%。

（陆军研究院特种勤务研究所　刘占岭）

重要专题分析

新作战概念下美国海军陆战队后勤保障转型特点

从近两年美军一系列改革举措看,美国海军和海军陆战队(以下简称陆战队)一直在推进军种融合,蓝-绿部队协调行动"做大事"的能力取得重大进步,表明海军和陆战队已经做好整合到更大规模联合作战中的准备。同时,陆战队不再是一支装备重型坦克、准备上岸打持续地面作战的军种,而将变成一支轻型化、机动化、使用小型舰船围绕岛屿和海岸线进行机动、从多个方向开展分布式作战的部队。因此,陆战队并未止步于发布计划,其新型部队正在组建,新型装备正在研发,落实新作战概念的兵推和演练正在实施,后勤保障转型随之进行,呈现出鲜明的特点。鉴于新作战概念促使海军与陆战队融合得愈加紧密,其后勤保障也呈现相互配合支援的特点。

一、美国海军陆战队转型对后勤保障的新要求

(一)陆战队实施转型以适应新作战概念

海军和陆战队正在推进以"分布式海上作战"(DMO)和"远征前进

基地作战"（EABO）概念为牵引的军事转型，目的是有效应对未来西太平洋地区与实力"近对等"的强大敌手展开区域制空权和制海权争夺的挑战。根据上述新作战概念，陆战队要与海军、空军部队密切配合，通过两栖作战迅速夺取并保卫海上要地（具有重要战役战术意义的前沿岛礁），并为后续作战行动提供支撑，建立新的前沿"区域拒止"作战体系，为制海权作战做出自己的贡献。

2020年3月，陆战队发布《部队设计2030》计划，阐述了陆战队赢得未来的构想：重点放在海上战役（而非地面作战）；与海军密切整合，特别是在海洋控制和海上拒止任务领域。因此，陆战队需组建可在岛屿和海岸线附近机动的小规模部队，可携载相应的后勤、监视装备和反舰导弹；也需发展新型装备如轻型两栖战舰来实施夺岛作战，而不再采取从两栖战舰坞舱中搭乘连接器出发进行抢滩登陆的方式。

（二）对后勤保障的新要求

分布式海上作战和远征前进基地作战概念，均寻求多军兵种海上联合作战，提升海军与陆战队整合能力，应对海上作战、来自海上的作战，以及由陆上到海上作战，确保美军具备跨海控制、近海和两栖作战能力。这对后勤保障提出了新要求。

1. 分布式海上作战要求后勤具有分散保障能力

分布式海上作战需要分散部署的各部队实现网络化，在广阔的战场空间实施作战行动，这需要规模庞大且反应灵活的海上运输船队和更多的重型运输直升机。因此，海上后勤部队要适应分布式作战要求，为关键需求提供选择性冗余；在高强度战斗中以精确的弹药和充足的燃料为不同保障需求的、分散的海军部队实施保障。后勤保障舰船将多点增援，以建立加油、补给、再补给、恢复和修理点。陆战队此前的补给方式是先将燃油、水、弹药及其他物资通过舰船运送至岸上，然后通过卡车分发至各地。然而，在对手能力日益增强、陆战队转向小规模分布式作战的形势下，为作战人员提供后勤保障则需要采取新的方式。

2. 远征前进基地作战要求后勤具有远征后勤保障能力

远征前进基地作战概念要求在广阔地域快速建立机动的前沿作战基地，对多种任务提供支持，为海上和远征作战部队提供保障。远征前进基地作战实际上是创建动态的"战场空间"，势必给海军和陆战队带来重大的后勤挑战，要求后勤部队具备远征后勤保障能力，包括：迅速开设前沿基地、临时机场；为航空兵远程热车加油；再补给；远征军械重装作业；进行远征维修和战斗损伤抢修；搭建远征医疗设施进行伤员救治和后送等能力等。

二、美国海军陆战队后勤保障转型情况

陆战队根据新作战概念积极进行相关战术研究与实践，落实速度非常迅速，与之相辅相成的后勤保障领域也实时跟进，呈现较为明显的进步。

（一）发展前沿后勤保障技术

一是前沿部署增材制造技术。为减少零部件的携带或订购数量，在陆战队补给链的重要节点部署3D打印机，随时打印零部件来满足战场需要，减轻后勤负担。陆战队已将移动式增材制造实验室（X-FAB）部署到战场环境中，进行受损零件的快速维修与备件制造。X-FAB目标就是开发可在艰苦地点作战的小规模远征前进基地作战部队部署增材制造技术能力。

二是无人载具将为陆战队物资运输带来革命性改变。无人地面车辆、无人水面艇以及无人运输机等均已列为陆战队后勤关注的重点。运输部队在陆战队中的规模仅次于步兵，无人地面车辆将节省大量人力，并保护其

免受路边炸弹及其他威胁。2021年，"麋鹿"多用途无人运输车、Rex MK Ⅱ无人地面车、"蓝水"无人运输机等无人化运输装备闪亮登场，并成功通过测试验证得到应用。

三是发展作战能源相关技术。陆战队需解决的能源问题包括：为无人机及其他电子设备灵活充电，延长电池寿命，或采用某些其他形式的电源；3D打印机也需使用太阳能充电电池组提供的电源；作战车辆应配备轻型和中型太阳能充电器，以满足单独的功率要求。2021年，陆战队继续进行新的燃料和添加剂测试以便替代当前燃料，而替代能源、电力管理和电池存储方面的进步可以减少对传统燃料的需求。

（二）优化调整后勤部队编制

一是成立濒海团。美军认为传统的两栖作战能力已不能满足未来大国竞争和西太平洋地区制空制海权争夺的需要，这是陆战队濒海团成立的基本背景。濒海团是陆战队转型的核心内容之一。《部队设计2030》要求设立三个濒海团，除了"夏威夷团"之外，还有"日本团"和"冲绳团"。濒海团未来可能纳编一个濒海战斗队、一个濒海后勤营和一个防空营。

二是撤团留营。2020年，陆战队裁撤了多个部署在印太地区及本土的作战后勤团，而保留其下属的维修营和补给营，作为独立的后勤营运行，继续为陆战队远征军提供中间补给和维修服务，以支持海军和陆战队开展分布式海上作战行动。

三是重启登陆支援营。2020年10月，三个陆战队远征军均成立了登陆支援营，隶属陆战队后勤大队，以提升通过港口、机场和海滩作业效率，为陆战队远征军作战提供持续保障能力。第1登陆支援营员额约为600人，第2和第3登陆支援营员额约为400人，未来将根据支援部队的需要扩大员额。

（三）研发适用后勤保障装备

根据新作战概念要求，海军及陆战队实施远征前进基地作战行动需要摒弃部分大型装备，发展数量多、成本低、生存力强的平台。后勤保障装备也朝着小型、灵活、适合机动的方向发展。

1. 海上保障平台

随着未来舰队规模的扩大，需要规模更大、能力更全面的后勤体系来支持分布式海上作战。一是发展下一代中型后勤船。2021 财年海军预算提出投资研发下一代中型后勤船，提供加油和补给支援。海军可能希望采购 18~30 艘新一代后勤舰船，还可能采购较小型的后勤舰艇，以提高补给的灵活性并降低战损。二是发展半潜式薄型船。可能建造类似于毒贩用来大洋运毒的半潜式船只，该船几乎完全停留在水下，以半潜式隐身的方式部署。该船造价低廉，可运送 1000~3000 吨的燃油和弹药，满足在各个岛礁之间秘密运输物资的需求。

2. 空中投送平台

一是充分利用多型现役空中投送平台。陆战队现役 MV-22 "鱼鹰" 倾转翼运输机（6804 千克外部负载）是保证小规模两栖部队远程快速抵达的主体；CH-47 "支奴干" 直升机主要运输战术车辆及装备；CH-53E/K 重型直升机（13608 千克外部负载）负责地面作战装备快速投送，均满足超重型运输要求。二是发展水上飞机。水上飞机灵活、载重量较大，特别适于远征前进基地作战，可有效满足岛礁的补给需求。三是重点发展无人机。未来 10~15 年，陆战队将主要采用无人运输系统。下一步将开发轻型、中型和重型三种无人机后勤平台模型。轻型有效载荷为 130~180 千克，运输伤员、弹药、口粮、燃料、维修部件等；中型有效载荷为 570 千克，运输主要维修部件（如联合轻型战术车发动机（质量为 410 千克）、更大的燃料桶

(155加仑油囊560千克)、更大的包装口粮（MRE托盘460千克）和小型地面车辆（230千克）；重型有效载荷为2300千克，运输连登陆队的所有车辆。

3. 专业勤务装备

一是在战场设施方面，为掌握制空权，战斗机需能在条件简陋的远征机场起降，机场快速铺设装备受到青睐。2020年12月，陆战队战斗攻击中队2架F-35C战斗机，在陆战队空中作战中心的远征着陆场进行了地面拦阻降落试验。该远征机场有一条长3438米的亚光铝合金跑道，滑行道和停机坪全部由具有弹性和可拆解运输的AM-2铝制垫块构成，可用于两栖作战区域内机场快速铺设，满足各型飞机持续起降需要。二是在医疗方面，陆战队取得无人机侧面安装"伤员舱"的巨大进步；测试了自动送药无人机，可在战区内投送医疗、护理及其他重要补给品。

三、特点分析

陆战队按照远征力量战备需求开展装备建设和后勤保障转型，通过重新设计后勤，采用多种手段推动后勤保障适应变革，形成了鲜明的发展特点。

（一）后勤部队加速转型

陆战队加速推进后勤部队应对转型的调整，充分整合后勤人员，以期迅速构建起适应新作战概念要求，灵活、高效的后勤部队。

现有后勤部队大幅调整，正是考虑到未来作战部队的分散性，将各后勤营分离并允许其独立运行，可以增强各自指挥官的灵活性，方便其针对变化的形势做出迅速反应。这是陆战队朝着更轻、更快、更致命转型的一部分。同时，陆战队"恢复"成立登陆支援营，并不代表它原来不具备登陆支援能力，只不过近20年来，负责登陆支援的部队都设在运输支援营内，规模相对较小，能力相对较弱，主要原因是相应时间段美军对两栖登陆作战的需求并不高。因此，陆战队为提升登陆上岸后的后勤保障能力，重启登陆支援营编制，主要是应对未来西太平洋地区可能的远征前进基地作战和"跳岛"作战需求。

新建新型保障部队，作为陆战队濒海团重要组成部分的濒海后勤营备受关注。虽然目前其构成尚未明确，但作为前进基地作战的主要保障力量，其作用地位不言而喻。同时，随着未来作战重点在海上和岛礁，陆战队也更加重视加强海上工程部队建设。海上工程部队将承担更多的远征保障任务，战斗工程师将是未来部队中更加重要的组成部分，他们需要在恶劣的海洋环境、群岛内部或周围进行作业，为海军及陆战队作战部队提供敏捷和即时响应的工程支援。此外，陆战队也在论证成立海上工程团的可行性，海上工程团将全面支持远征前进基地作战，以及应对分布式海上作战带来的分散、机动、快速的工程保障需求。

（二）后勤保障装备技术发展全方位提速

在新作战概念引领下，海军及陆战队部队分散部署、灵活配置，更需要后勤保障装备技术的有力支援。

一是挖掘现役保障装备运用潜力。根据新任务需求，赋予现役保障装备新能力，完成多种保障任务。在远征前进基地作战概念中，空中优势占据极重要位置，唯有空中平台可以快速投送、快速抵达。例如，陆战队KC-130J加油运输机一方面可以提升各型作战飞机的航程，另一方面可以快速投送类似"海玛斯"系统的远程火力装备，保障远征前进基地作战需要。

二是尝试模糊后勤舰船与作战舰船的界限。在特殊情况下，保障角色可互换，增加未来远征作战灵活性。2020年5月，军事海运司令部和第六舰队进行了第一次反向补给。在后勤专家指导下，第六舰队3艘"阿利·伯克"级导弹驱逐舰在地中海和北海为军事海运司令部"供应"号快速战斗支援舰提供补给。通常都是由"供应"号支援舰为美国海军和盟军船只提供海上补给支持，由于新冠疫情全球蔓延带来的挑战和限制，"供应"号支援舰错失在港口进行全面补给的机会，迫使后勤和作战人员突破常规思维，通过反向补给方式确保为第六舰队作战区域内的舰船提供不间断的后勤支援。

三是研发新型保障装备，应对未来分布式作战带来对后勤分散保障需求。目前的改革方向是相对削减大型舰船（包括作战舰船和后勤舰船）的数量，同时大量增加中小型舰船及无人舰艇，保障装备也同步跟进，以提升保障水平。例如，2021财年海军预算提出投资研发下一代中型后勤船，提供加油和补给支援。海军可能希望采购18~30艘新一代后勤舰船，还可能采购较小型的后勤舰艇，以提高补给的灵活性并降低战损。此外，陆战队对新研发装备的作战测试也要求在真实的海洋或濒海环境下进行。因此，陆战队必须预测与确定可能发生下一场冲突的环境和地形条件，确保测试装备针对特定环境进行优化，而不是跨越整个地形、温度和湿度范围，以便为未来数十年的主用系统的作战测试提供更多有用信息。

四是加大新型保障技术推广应用力度。利用增材制造新技术优势，缩短装备研制周期，降低维护成本。进行舰船小型部件打印维修，如"阿利·伯克"级导弹驱逐舰将采用3D打印技术制造的新螺栓用于替换飞机库舱门滚轮上的受损螺栓；进行舰上按需打印，舰上搭载3D打印机，在巡航过程中及时制造或维修零部件，2021年陆战队与商业公司合作开发了X7打印机，可现场打印复合材料零部件，目前第一个产品试验成功后已部署应用；3D 打印陆战队工程保障装备，利用较少的原材料（沙子、砾石、水泥、水、干湿混合剂等）3D 打印军营小屋和混凝土脚桥，军营小屋在大约 72 小时内完工。

（三）演训活动检验后勤保障能力

围绕新作战概念，陆战队开展一系列战术研究试验，在现有装备体系基础上反复演习和训练。

一是演习验证后勤保障水平。自提出分布式海上作战和远征前进基地作战概念后，在完成前期的技战术分析、装备人员准备后，迅速推进到战场演练阶段。近年来，针对此概念已经进行了多次不同规模的演习，不断总结与拓展。2020 年 12 月颁布的新三军海上战略已经正式采纳此新概念，体现概念转化为实际战法的执行力。在各次演习中，快速反应的后勤保障能力是支持前沿作战不可或缺的组成部分。2020 年 7 月，第 3 陆战队飞机联队、第 1 陆战师和第 1 陆战队后勤大队所属单位，在南加州和西南训练场实施了为期 3 周的"夏季狂怒 2020"演习，模拟印太地区围绕岛礁作战展开的战役，重点演习空地协同实施远征前进基地作战。陆战队 3 架 KC–130J 空中加油机为 16 架战斗机组成的打击编队进行空中加油；陆战队重型直升机空运来远征加油挂弹设备；后勤部队在两个地点，在 12 小时内建立了前方弹药油料补给点，为战斗机提供挂弹加油作业，大大延伸了陆战队的作战范围。此前，陆战队还演习了 KC–130 运输机执行远程医疗后送任务。此类行动是陆战队指挥官在"反介入"条件下的近海地区开展军事行动的重要保障之一，全面验证了其在新作战概念指导下应具备的后勤保障能力。

二是试验训练提升后勤保障能力。陆战队围绕新作战概念，除完成大项演习任务外，对日常训练也常抓不懈。F-35C 战斗机完成首次"远征机场"拦阻降落试验（图1），标志该型机具备了在远征前进基地短距降落的能力，对于陆战队正在推进的远征前进基地作战具有里程碑意义。为保障作为核心新锐战力的 F-35 战斗机，陆战队从 2019 年就开始研究如何将 F-35B 战斗机纳入远征前进基地作战概念，并进行了多次前进基地简易机场的"临时装弹加油"演练（图2）。陆战队后勤部队还反复进行了 F-35C 战斗机"热车补给"训练，即在战斗机发动机不停车的情况下，在约 10 分钟内完成燃油补给和制导炸弹挂装，然后战斗机立刻起飞，投入战斗。美军认为，夺取岛礁并建立支撑点，其核心还是在有限的时间窗口内建立起空中优势，因此 F-35B 和 F-35C 战斗机在临时的、简易机场上能够快速补给，才能使此空中优势成为可能。

图1　F-35C 战斗机地面拦阻降落

图2　陆战队员在"前沿装弹和加油点"加油

（军事科学院系统工程研究院后勤科学与技术研究所

王毅　李娅菲　张东瑞）

"远征前进基地"作战概念下美国海军陆战队后勤保障能力发展分析

美国海军陆战队是美国快速反应部队的主要作战力量,一直秉承"首战用我"的理念,先后在伊拉克、阿富汗、叙利亚等近几场局部战争中充当先锋,为维护其国家利益、应对危机挑战进行全球前沿部署。2017年10月,为适应"大国竞争"需要,美国海军陆战队发布《对抗环境下的濒海作战》作战概念文件,正式提出"远征前进基地"(EABO)作战概念,其后勤保障体系与能力也随之调整转型。

一、"远征前进基地"作战概念概述

自美国海军为应对"大国竞争"国家安全战略下的新型威胁环境,提出"分布式海上作战"概念后,2017年10月,美国海军陆战队发布《对抗环境下的濒海作战》作战概念文件,旨在为其海军和海军陆战队提供统一的海上一体化作战架构,"远征前进基地"作战概念是该文件提到的一个重要概念。

(一)"远征前进基地"作战概念内涵

美国海军陆战队提出的"远征前进基地"作战概念剑指中国,目的是提高其在西太平洋地区的作战实力,为美国海军的海上控制/拒止能力提供支撑。由于海上作战力量受制于现有海上平台数量,该作战概念要求美国海军陆战队在前方简陋的临时点采用可快速移动的、成本相对较低的作战方式参与作战部队的统一行动,目标是为海军提供陆基选择方案,突破海上平台对作战人员和装备的数量限制,进一步分散杀伤力。美国国会研究局将其形象描述为"让增强的排级规模的海军陆战队在战区周围从一个岛到另一个岛机动,能够发射反舰巡航导弹并执行其他任务……以便为美国反击和拒止中国军队进行海上控制的行动做贡献。"该作战概念突出灵活性,远征前进基地的布设地点既可以是海上也可以是陆上,作战能力既可以是集合的也可以是单一的,作战平台既可以大也可以小,还混合运用多种手段和方法,通过增强灵活性大大提高美国海军陆战队的作战能力。

(二)"远征前进基地"作战概念形成背景

"远征前进基地"作战概念很大程度上针对西太平洋地区高强度海战而开发,其背景主要有:

一是传统海战力量和作战样式不适用于大国间海上直接对抗。美国将中俄等国视为"战略对手",强调以军事手段为核心,采取多种方法阻止其他国家实力提升。但随着中俄等国海军实力增强,美国海军远洋作战和制海能力的绝对优势逐渐减小,航空母舰等大型平台的作战能力受到严峻考验。"远征前进基地"作战概念不再强调两栖作战力量的强行介入,而是分散作战扩大战场区域,加大对手选择和打击目标的难度,成为一种既能保存自己又能打击对手的新作战样式。美军认为,此概念有助于其在对手远程精确火力打击范围内持续行动,应对其"反介入/区域拒止"能力,执行海上控制和拒止等作战任务，保证其前沿存在，夺取制海权，达到威慑对手并保护地区盟友安全的目的并最终赢得战争。

二是现有作战能力无法满足预期作战需求。面对战略对手的超远程精确制导攻击、"反介入/区域拒止"能力，美国海军陆战队现有作战能力无法保证其在对抗性濒海环境中稳夺制海权。为此，美国海军陆战队相继发布《对抗性环境下的濒海作战》《第38任司令官规划指南》和《部队设计2030》等纲领性文件，强调全维机动作战和全域联合作战以及强化信息战能力的同时，更强调美国海军和海军陆战队一体化濒海作战的必要性，要充分利用美国海军陆战队的海基、陆基能力拓展海军作战范围，提升舰艇的作战能力，加快作战机动速度和不可预测性。

三是陆战队建设运用成本高，须通过战法创新寻求军事效能、技术可行性与经济可承受性的平衡点。近年来，美国海军舰艇实际规模基本维持在270~300艘，持续的作战概念创新、技术研发投入、装备更新换代以及高的装备运营、维护成本，使其国防开支更加捉襟见肘。另外，新冠疫情肆虐对美国经济造成巨大冲击，美国海军及陆战队为了减少经费投入并保持其海上优势的同时，欲通过提出新型作战概念打造价格低廉的武器平台，分散、灵活地部署在对手近海海域，以更低的成本获得更强的战斗力。

二、"远征前进基地"作战概念下美国海军陆战队后勤保障能力建设方向

2019年5月12日，美国海军陆战队发布《21世纪的保障》战略，从四个方面广泛描述了美国海军陆战队在未来高对抗环境下的后勤保障能力建设方向。

(一) 打造全球后勤保障态势感知网络

全球后勤保障态势感知网络主要用于快速获得后勤保障态势信息、保持后装态势感知能力，为构建未来由数据驱动的作战环境打下基础。要求海军陆战队在抵达一个战区之前，必须有能力了解战区内现有的保障资源，包括联合部队的资源和作战区内的资源，同时还能评估友军保障态势，并在整个行动中准确地确定作战人员的保障需求。在技术方面，要求海军陆战队充分利用快速发展的态势感知技术，最大限度地提高保障机构对部队保障需求的反应能力。

(二) 建立多样化的补给配送方法

未来美国海军陆战队可能会面临两种作战样式选择：一是高度分散化的行动；二是当高度分散化的分布式作战不能满足要求或行动受限时，海军陆战队还必须具有重新集结并再次投入大规模行动的能力。这要求美国海军陆战队保障机构既要具备在高对抗环境中保持对传统大规模作战的保障能力，又要能保障在地理空间上高度分散化的分布式作战行动。但在"远征前进基地"等分布式作战中，大规模保障是一个弱项。建立多样化的补给配送方法需要改进现有的补给配送方法，使之具有不可预测性和配送渠道被打乱打散时的快速恢复能力，并能实现最高程度的精确交付，以最大限度地提高美国海军陆战队空地特遣部队的作战速度、灵活性和可靠性。

(三) 利用一切可用资源增强保障能力

美国海军陆战队要提升在未来对抗环境下的保障能力，需通过扩大和整合各种供应来源，以减少对配送网络的需求。在战役层面上，要充分利用联合部队资源、跨部门资源和联盟的资源及保障能力；在战术层面上，要为最前方的机动部队和后勤保障部队提供充分的保障能力。在这方面采取的行动将使美国海军陆战队能够在较长的交通线上提供保障，减少对后方供应链的总体需求，使部队具备在较长的时间内独立开展行动的能力，从而最大限度地提高保障效率。

（四）充分优化保障基础设施以支持保障行动

基地、兵站以及仓库等基础设施作为部队战斗力生成起点，从基地开始直至深入前沿作战区域，美国海军陆战队需要为保障网络的各个关键节点建立良好的基础设施。在未来全球高强度对抗作战环境下，固定基础设施将面临着遭受持续攻击的威胁。海军陆战队需要充分考虑应对这些挑战，继续提供资源，支持基础设施的现代化建设，同时加强保障机构与作战部队之间的联系。

三、"远征前进基地"作战概念下美国海军陆战队后勤保障重点技术与装备

美国海军陆战队 2021 年发布《远征前进基地作战暂定手册》，提出要发展一系列作战灵活的小规模部队，可遂行防空、反舰和反潜作战任务，并且能够夺取、固守并补给小型临时性基地，以便在太平洋地区实施跳岛作战。目前，美国海军陆战队已启动相关重点技术和装备建设。

一是增材制造技术。美国海军陆战队认为，在远征前进基地作战部队中嵌入快速增材制造技术，允许前方部队在战场上快速制造备用/替换零件，可减少海军陆战队的后勤和装备保障负担，是解决前线保障难题的有效做法。为此，需要在排级部队部署增材制造保障实体。2017 年，美国海军陆战队建造了远征增材制造实验室（X – FAB），采用 20 英尺×20 英尺的箱体，配备 4 台 3D 打印机、1 台扫描仪和计算机辅助设计软件系统，可部署在营级维修单位，实现快速零件制造。

二是 5G 通信技术。目前，美国海军陆战队主要将 5G 通信技术用于建设智能仓库，提升远征基地保障效率和可靠性。一方面，运用机器人、条形码扫描和全息、增强和虚拟现实应用程序等数字化技术提升仓库物资可视性和自动化管理。2021 年 7 月，美军奥尔巴尼后勤基地联合海军陆战队后勤司令部和仓储司令部在阿灵顿为国防部的"5G 到下一代"（5G – to – Next – G）计划进行了前期能力演示，验证该基地 5G 智能仓库对提高海军陆战队后勤和仓库操作的效率和准确度，对改进接收、储存、发放、库存控制以及直接支持舰队海军的物资和补给的可审计性。测试表明，5G 智能仓库将提高库存管理，增强仓库运行能力，彻底改变海军陆战队仓库运行中的物流方式。另一方面，运用物联网技术提高仓库运营效率和安全性。2021 年 6 月，美国 SemperCon 公司获得了为海军陆战队奥尔巴尼后勤基地智能仓库设计物联网应用程序的授权。该公司研发的基于云的软件即服务（SaaS）应用平台，利用 5G 通信基础设施连接，并采用基于 LoRaWAN 的无线传感器来捕获整个仓库的环境条件，包括温度、湿度、物流状况和二氧化碳水平。该应用程序使用移动传感器技术，将帮助仓库简化对装卸码头的管理，对运输卡车到达、离开和卸货的协调，以及对所有仓库舱门状态实施监控。未来，这些基础设施和应用程序将极大地提升仓库运营的及时性、准确性和安全性。

三是轻型两栖战舰。目前，美国海军陆战队正在推进 28~30 艘轻型两栖战舰采购项目。轻型两栖战舰用于在岛屿间穿梭输送海军陆战队濒海战斗团，执行远征前进基地作战任务。该型舰构型较小，可在浅水海域机动，且隐蔽性更强、生存能力更强、成本更低，可大量部署。

四是新一代中型两栖战舰。美国海军和海军陆战队 2021 财年预算中包括出资 3000 万美元研究开展"下一代中型两栖舰设计"，该设计能够"支持远征前进基地作战概念中描述的那种分散、敏捷、不断机动的部队"。美国海军和海军陆战队将该舰定性为"支持两栖舰对岸作战的船尾登陆舰"。据悉，该舰可能采用的模板包括近海支援船以及澳大利亚海洋运输公司生产的船尾登陆艇。

五是下一代中型后勤舰。美国海军2021财年预算还要求为"下一代中型后勤舰"提供3000万美元的研发经费。美国海军表示："下一代中型后勤舰将实现对海军舰艇进行海上和岸上加油、装备和弹药补给以及后勤物资再补给，以支持远征前进基地作战概念。"美国海军尚未确定下一代中型后勤舰的设计方案，正在考虑的方案包括"改装现有舰艇、新建舰艇或改装和新建相结合，以获得所需数量的下一代后勤舰"。

六是半潜式舰艇。半潜式舰艇艇身几乎完全沉在水下，具有较好的隐身效果，可向前进基地运送燃料、弹药等关键物资。单艘造价为100万～300万美元，符合美军对两栖平台"经济实惠、数量庞大"的要求。

七是水上飞机。水上飞机生存能力强，能够在任何水体上起降，且不易发现和瞄准，适用于缺乏跑道的荒岛环境，高度匹配"远征前进基地"作战需求，"可将一个排的兵力和一套导弹系统投送到偏远小岛海滩上"，并在完成任务后回撤部队。

八是无人舰艇。《远征前进基地作战暂定手册》提出进一步建造新型无人舰艇，满足在冲突海域内的岛礁之间快速往返投送部队、装备和物资等需求。

（海军研究院科技创新研究中心　何杨）

美国陆军"印太战略"背景下后勤保障能力建设构想

2021年1月12日,美国白宫网站公布了"印太战略框架"文件,再次对印太战略的内容进行了详解。"印太战略"的核心内容之一就是加强军事力量建设与布局,以构建一支更具杀伤力和威慑力的军队。美国陆军以该战略为指导,精心打造作战和保障能力,以实现平时威慑对手、战时打赢敌方的目标。

一、支撑"印太战略"陆军后勤保障特点及需求

"印太战略"是霸权式微背景下美国国家安全战略持续调整的产物,该战略将同中、俄等大国开展战略竞争作为主要内容,以巩固美国在印太地区的战略存在与地区利益、维护其全球霸权地位为核心目标。当今,印太地区出现了重大变化,需要重新评估军队的战略保障态势。美军认为,印太地区是一个以陆战力量为中心的海洋战区。美军需要深刻理解这一空间特性,并打造一支能赢得竞争的军队。2018年,美国

陆军战争学院发布了《陆军转型：美国印太司令部的超强竞争与战区陆军设计》文件，2019年发布了《国防授权法案》，要求"对实施《国防战略》所必需的印太地区的地缘政治条件进行评估"，特别是就如何"支持美国在该地区的前沿防御、有保障的进入、广泛的前沿基地存在，以及联盟和伙伴关系的形成与稳固等方面的军事需求进行谋划"。2020年发布的《应对中国的挑战：重塑美国在印太地区的竞争力》等报告文件，对战区后勤保障问题进行了深入系统的研究探讨。研究认为，印度-太平洋战区是一个广阔、联合、多域的战场，陆军作为印太地区联合部队的组成部分，在该地区主要承担构建网络、主动赋能、多域作战以及能力生成的角色。后勤保障行动将在陆地、海洋、空中、空间和网络以及复杂电磁等多个作战领域环境展开，后勤保障距离长、响应时间短、保障需求和战损显著增加。这就要求后勤保障必须与所有作战域同步进行态势感知，形成有弹性且集成化的任务指挥与控制，协调运用陆军内部及参加联合或其他行动的单位的保障资源、要素及能力；以远征作战保障能力为核心，持续发展联合作战环境下可靠的海上运输投送和介入能力；重点解决海外部署部队的分布式保障问题，同时还要关注后勤保障的防护问题，以确保保障任务高效完成。

二、构建联合一体后勤保障能力

美军认为，在印度-太平洋地区后勤保障面临的挑战中，最显著的是缺乏真正的联合行动。需要陆军在概念开发，战区的组织、运用和应用方式上进行根本性变革，将联合一体后勤作为建设目标，为战区分布式联合作战赋能。

一是组建联合后勤指挥机构。建立联合保障协调司令部，定期召开"联合后勤会议"，制定解决方案，打破原有分部门、分军种、分阶段进行的方式，进行全区域甚至全球整合。通过战区保障司令部的联合保障集成和协调功能，确定当前作战及保障的差距和改进时机。以更高效地管理稀缺资源，寻求能力、资源和战备水平的平衡。

二是构建通用统一后勤保障信息系统。开发联合后勤通用作战保障态势图，以提供所有的通用保障功能和流程，包含联合行动流程。通用作战保障态势图是高度自动化的、直观的、交互式的并具有一定的预测功能，能根据需要及时提供准确的信息，以支持决策、规划和日常行动，并允许陆军和其他军种实现从"机构到用户"的可视化。此外，通用作战保障态势图能够为保障部门提供多种保障和服务，以确保行动自由、扩大行动范围和延长持续保障时间。

三是形成广泛的后勤力量支撑。陆军将在战区部署陆基多域作战能力，并与其他军种和预备役、政府和承包商及外国伙伴协调作战与保障。利用美国强大的地区盟友和伙伴网络，增强地面部队的传统能力并扩大多域保障能力。美国还有意识地将区域外盟友（如法国、英国等）引入印太地区，鼓励其单独或联合参与印太事务，以增强美国实施印太战略的保障力量。

三、立足开发远征保障能力为重点

印太地区作战岛屿相隔甚远，再加上对手"反介入/区域拒止"能力的不断上升，使装备物资补给、增援及持续保障工作更趋复杂，远征保障能力成为远程机动和分布式作战的精髓和关键。

一是构建后勤保障设施网络。当下，美国正在按照"巩固第一岛链基地群，加强第二岛链关键节点，拓展战略性后备基地"的整体思路进行战场布势，提升其所谓的"战略性前沿威慑水平"。作为区域联合行动的基础，陆军需建立一个由远征基地群、物资供应中心和节点组成的分布式、可恢复战区保障设施网络，其中各部分相辅相成，整个网络结构灵活运行，以便能够迅速集结、分发和再供应物资装备，最终实现有效的联合与多域机动。除完善原有保障基地体系外，美军又提出建立"合作安全性场所"（CSL）的设想。在这些场所里，美军可以部署后勤、工程、医疗、通信、情报以及其他活动设施，美国联合部队和区域合作伙伴军队可轮流向派驻部队，开展演习活动，增强联合部队的反应能力、作战能力，并强化政治协作规程。

二是增强远程投送能力。美军部队位于冗长的后勤链的末端，进入战区的部队也同样依赖运送设备和基础设施，因此，远程机动和投送成为克敌制胜的核心保障能力。首先是发挥好陆军海运舰队的作用。美国陆军印太司令部的运输能力并非只依靠海军和空军支持，还有编制内独立的主要使用登陆舰的后勤补给舰（LSV）队提供战区运输。每艘舰船最多可装载24辆M1A2主战坦克或37辆"斯特赖克"轮式装甲车，或装载48个20英尺集装箱，相当于24架次C-17运输机的能力。由于是陆军直属单位，可根据战区情况提供地面部队迫切需要的重装备支援，是美国陆军太平洋司令部独有的后勤补给编制。其次是解决浅水区机动问题。为支援战区安全合作的意图和目标，联合部队需要编配水运系统，以便在浅水区运送陆战力量。陆军正在申请采购一种机动保障船（轻型），并使其成为陆军船舶系统的一部分，从整体上全面解决海上机动和转移能力缺口的问题。同时，陆军计划建造6艘高速海运船，为沿海地区运送货物和军队提供有力的平台。另外，研制两栖水上飞机，构建起从陆上基地到航空装卸港或前沿作战地点的后勤桥梁，将物资装备融入后勤配送网络，降低海上基地提供物资补给所面临的风险。

三是形成分布式保障能力。印太地区的作战行动，后勤需要保障一支能够在从世界任何地方到冲突点的广大作战空间内实施半自主、跨域机动，以及在所有作战域内打击和削弱敌杀伤力的部队。自主、分散的作战行动需要配备灵活的保障部队，这就要求陆军的后勤团队缩小规模，分散配置到隐蔽性好的基地。补给物资可以存放在卡车上，以便随时输送。在尽量减少保障需求的情况下，携带更多补给物资，考虑其他补给方式，并对补给的优先次序做出取舍，从而满足分布式作战的保障需求。

四、预置保障作为首选保障模式

由于印太战区远离美国本土，又缺乏战略纵深可供大部队维持长期靠前部署，因此美国陆军首选预置保障模式来应对保障需求。美国陆军预置物资装备是以旅级部队作战需求为标准，且预置内容会根据作战想定不同加以调整。预置储备分为应对重点威胁地区的作战需求补给（EAS），以及配合增援第二梯队的行政补给两种。其中，EAS 以快速部署部队能够立刻取用为原则，预置以待命完成任务的各式作战工具、装甲车辆和战斗支援补给物资为主，另外还包括供一个装甲旅级战斗队持续高强度作战 15 天的各项物资补给。同时，为应对没有足够的安全存储地点及前进基地容易被对手摧毁的问题，美军在西太平洋主要依赖停靠关岛的大型预置补给舰队。根据日本《世界舰船》介绍，美军在太平洋战区的预置补给舰队下辖两艘 5 万吨级大型中速滚装补给舰（LMSR），两舰共装有可供一个装甲旅级战斗队使用的各式武器装备和持续作战 90 天的油料补给。除了关岛的预置补给舰队外，美国陆军在韩国和日本也设有预置补给基地。其中，在韩国的预置补给基地比照 EAS 标准，以能够立刻动用的作战工具和装甲车辆为主，另有可供师级部队持续作战 90 天的各种补给。日本的预量补给基地以行政补给为主，特别之处是基地内还封存着陆军运输船艇，包括 20 艘通用登陆艇（LCU）和 8 艘小型登陆艇（LCM），需要时由工兵操作，协助保障陆军在日韩之间的跨海运输。考虑到未来美国陆军在太平洋战区可能与地区军事强国直接对垒，除了从夏威夷或本土增援外，另一个派上用场的预置补给基地是位于印度洋上的迪戈加西亚岛。美军在迪戈加西亚常驻 3 艘 LMSR，装载有至少供两个全员装甲旅级战斗队实施 90 天高强度作战所需的补给和装备。

五、及时演习评估保障预案

为在印太地区形成保障的战备态势，美军太平洋陆军司令部每年都开展"太平洋通道"即"战区进入保障"演习。目的是帮助美国太平洋司令部投射力量，并通过持续的存在降低保障风险，拓展新的合作领域；同时检验现有后勤体制能否满足海外部署的持续保障需求，思考与评估现有保障计划的缺陷和不足。演习可以实现特定的战区保障效果，持续发展与盟友和联合军种伙伴的关系。通过"太平洋通道"演习，可以在战役环境中培育形成一种区域互操作性和协同保障的文化氛围，在战区地面部队中持续推进远征保障做法和经验，努力维持美军的高战备水平。对于提升和完善保障能力，演习也起着至关重要的作用。因为联合部队、机构间、盟国和商业伙伴作为作战行动的推动者和参与者，他们之间的专业网络、工作关系、作用任务等都是通过共同参加演习来明确的。未来还将开展分布式基地和运送线路的选择、快速集结和机动、持续远征能力，以及在没有联合后勤机构支援的情况下为部队提供燃料、食物或装备等内容的演习。

（陆军研究院特种勤务研究所　刘占岭　高润东）

"印太战略"联盟保障建设新动向

联盟保障是美军作战保障的重要方式,在"印太战略"背景下,联盟保障被赋予了新的内涵和时代特色。《印太战略》报告将"军事层面的力量建设、政治层面的盟友与伙伴关系建设以及制度层面的地区网络化结构建设"作为三大内容,美国以印太战略为指导,持续深化盟友与伙伴关系,打造强大的后勤保障优势,巩固在印太地区的战略存在与地区利益,进而维护其全球霸权地位。

一、谋划新的联盟保障战略

在印太战略背景下,联盟保障又有了新的发展,尤其是拜登政府上台以来,更是进入了全面规划、持续拓展、整体提升的新阶段。美军认为,没有全球通用的保障,没有获得和保持进入被封锁地区的能力,后勤作战便无法实现。为了增加作战介入的可能性,联合部队、机构间、盟国和商业领导人,以及联合行动的伙伴必须参与并融合到支援机构,以便为国家和区域作战积累力量。2021 年 2 月,美国国防部组建中国工作组,启动了应对中国的重大举措，其重要内容就是"重新激活盟友伙伴网络、加强威慑并加速发展新作战概念"。2021年4月，美国参议院外交委员会提出了《2021年战略竞争法案》，法案提出："与盟国、合作伙伴和多边组织合作，建立一个志同道合的国家网络，以应对地区和全球挑战。"这个法案旨在布局所有盟友，联合所有力量，在全球各个方向，使用所有手段，全面遏制中国。2021年6月，美国国防部部长奥斯汀签署内部命令，统一协调国防部对华工作，要求国防部对美国无与伦比的盟友和伙伴网络进行投入。该命令突出强调与美国盟友和伙伴的合作，尤其在印太地区。早在2020年10月，美国国防部就公布了加强美国联盟和伙伴关系的新计划。其中包括新的"联盟和伙伴关系发展指南"（GDAP）和实现国防贸易现代化战略。该指南成为加强盟国、建立伙伴关系战略的全面方针。2020年1月，拜登政府印太事务主管坎贝尔发布了《迎接中国挑战——在印太恢复美国的竞争力》的报告，核心思想是维持美国在印太地区的主导权，不仅依赖自身军事实力，更依赖联盟和伙伴关系网络，"美国需要与盟友一起，建立一个能保持地区稳定的网络化安全架构，增强相互间的连通性和协调性。"美军认为，必须加强印太联盟体系，给传统"轮毂+轮辐"联盟结构增加"轮胎"，使每个联盟的"轮辐"互相连接，同时加强所有盟友伙伴"轮辐"与美国这个"轮毂"的连接。

二、签署双边和多边后勤保障协议

美军认为，印太司令部转型的重要障碍之一是影响联盟保障运行的权限、许可和协议。为构建更加稳定和广泛的后勤保障联盟框架，美军急于与盟友签署新的协议。除日、澳、韩、北约等传统盟友外，美国急于与新的盟友签署后勤保障协定或更新原有协定。近年来，美国与印度签署了

《后勤交流备忘录协定》，规定两国军队可以相互使用对方的海陆空基地进行补给、维修和休整。美国与日本签署了新版日美《物品役务相互提供协定》，扩大了日本自卫队对美军的后勤支援能力。协定修改前，日本自卫队可在联合演习、国际救援行动和紧急情况下向美军提供食品、燃料等物资以及运输支援。在日本受到或预计受到直接攻击时，日本自卫队可以向作为盟友的美军提供弹药。而新协定规定，在日本未受直接攻击时也可向美军提供弹药及其他作战物资。2020年日本与澳大利亚签署了军事后勤协定，包括：日澳军队互相协防，双方相互进行运输补给；在发生特殊事态时日本行使集体自卫权，直接向澳军提供军事援助，可在全球范围内对澳军开展后勤援助，在"非战斗区域"为其提供弹药及战略物资等。2020年印度利用"美日印澳"四边机制，相继与澳大利亚、日本签署后勤保障协议，允许澳大利亚参加"马拉巴尔"军演。同时，还共推了"供应链弹性同盟倡议"。2014年美国与菲律宾签署了《美菲加强防务合作协议》，2021年7月，美国国防部长访问菲律宾，就《访问部队协议》达成新的共识。此外，2021年印度与欧盟国家加强合作，与英国、法国等国也签署了类似的后勤保障方面的协议。当然，类似的协议和出版物多年前就有部署，如2013年2月美国发布的联合出版物JP-08《多国作战保障后勤》，该出版物包括了多国作战后勤规划、多国作战后勤保障指挥官核对表以及美国在多国作战中的协议应考虑的事项。2011年3月，美国、英国、加拿大、澳大利亚、新西兰陆军出版《联合后勤手册第三版》，涉及后勤保障的各个方面，包括后勤保障规划、规划事项核对表、各项工作核对表等。北大西洋公约组织（NATO）的盟军联合出版物AJP-4系列手册，这些手册的后勤部分涉及"联合后勤、联合医疗支援、联合输送与运输、东道国支援联合条令和多国联合后勤中心"等内容。

三、确立保障行动一致的术语和概念

标准的术语和概念是获得后勤保障一致行动与效果的核心基础。美军与北约盟友之间建立了大量的后勤保障协议和保障标准,以支撑战时的联盟保障行动。在作战和历年的演习中,曾因后勤保障术语、标准规范不一致,影响了后勤保障的行动和效果。在《多国联合作战中的陆军》一文中,美军总结了后勤保障行动存在的问题,主要是语言、物资分类标准、后勤报告标准、度量单位标准等不统一,造成了后勤保障障碍。在"印太战略"背景下,印太战区作战保障具有作战域广、环境复杂、参战力量多元等特点,保障组织协调难度增大,迫切需要开发一套新的术语和概念,以有效探讨军事行动及其保障效果,这套术语要超越指挥层级,针对参与联盟行动的盟国和机构,使整个保障体系易于接受、便于理解。通过丰富的术语增进对多种跨机构方法的理解,描述有助于伙伴协作的各种条件和结果,进而实现行动的协调一致。这些术语包括通用保障图、合作、协作、挑战、矛盾对抗、构建和恢复等,需要与跨机构、跨国家合作伙伴共同研究实施,以提升理论的精确性,最终形成实施行动的标准。同时,需要关注作战保障区域的语言沟通,通过培养和聘用大量的语言翻译来沟通协调各参与方的行动,确保保障行动的有效性。据报道,阿富汗战争中美军聘用了大量翻译,以至于美军撤出后,还要对这些人员进行妥善安置。

四、整合资源打造高效联盟保障态势

《印太战略》报告指出:"美国在印太地区的参与植根于其长期的安

全联盟,这是美国战略所依托的基石。互惠互利的联盟与伙伴关系将为美国提供一种没有竞争者或对手能与之匹敌的、持久的、不对称的战略优势。"美国根据国家军事战略和新型联合作战环境,联合后勤体系正通过遍布全球的跨领域多功能后勤方案来应对竞争对手的挑战。这些解决方案打破了原有分阶段进行的方式,要求全球整合,以更高的效率来管理稀缺资源,寻求能力、资源和战备水平的平衡。为适应印太战略需要,美军强调战略重心东移,早在2018年《美国国防战略》报告就提出,美军应将战略资产集中于印太地区。

一是完善基础设施。持续完善一、二、三岛链的东北亚基地群、关岛基地群、夏威夷基地群、澳新基地群、阿拉斯加基地群,同时适应敏捷作战需要,分散配置前沿基地,即在巩固已有的与日本、澳大利亚同盟基础上,将积极发展同越南、菲律宾、印度尼西亚的关系,以获得越南金兰湾基地、菲律宾克拉克基地、泰国乌达堡和科瑞特机场等的使用权,从而实现在该地区前沿基地的分散配置;同时,部署备份前沿基地,如修缮在天宁、塞班和帕劳等地的小型基地,在岛上储存油料、弹药及其他必要物资,以便在关岛基地不可用的情况下成为替代选项。2021年3月,五角大楼向国会提交了一份计划,拟在6年内支出逾270亿美元,增强整个太平洋地区的保障能力,包括设法确保机场、港口和其他基础设施的正常运行,以支持这些行动和未来分布式作战。其中,投资46.7亿美元用于支援保障美军的"力量投送、疏散和训练设施"建设,包括美国本土,以及密克罗尼西亚、帕劳和马绍尔群岛国家。根据"太平洋威慑倡议"计划的执行概要,美国必须为空军编队和海军舰队实施分布式作战行动,构建所需的远征机场和港口,以作为建立空中和海上优势的临时窗口,从而实现更大范围的机动作战。据美国官员称,2020年9月,联合改善帕劳群岛的安加尔岛机场项目已经完成，其中包括扩建该机场跑道，以便能容纳更大的军用和商用飞机。

二是预置装备物资。2021年5月26日《澳大利亚人报》网站报道，美国希望在澳大利亚的最北部地区存放军需品和防务装备，以对抗中国。这样，可以让盟友更好地应对不断增加的战略威胁。据美国印太司令部2021年5月26日消息，为进一步给军方和联邦机构客户提供帮助，美国总务管理局在美国印太司令部战区开设了4个前方补给点，补给点分别位于关岛、韩国、日本和夏威夷，这些地点可快速交付包括办公用品在内的需求物品。各个补给点前沿预置物资的数量，从关岛的350件到日本的750多件不等，大幅缩短了部分任务必需产品的交付等待时间。

三是增强投送能力。如今，美国仅有100余艘舰船用于维持部队的日常补给，包括46艘后备舰队舰船、15艘由美国海军军事海运司令部调动的船只，以及海事安全计划中约60艘悬挂美国国旗的签约商船。美国在拓展其"印太战略"的背景下，有意强化军事海运能力建设，未来必将大幅提升亚太地区投送能力和战时后勤保障能力，包括新型舰船建造、民用商船改造等措施。

四是注重生存能力建设。美军一直努力让美国军队和军事资产留在中国射程之外的地方，如夏威夷、阿拉斯加等，使用能够抵御防空系统的新生远程火力和隐身轰炸机。2021年2月，美国国防部发布4200万美元的合同，在安德森基地修建防区外武器综合设施，计划2023年交付，此地包括4个大型武器库、重载沥青路、野外靶场等，是美军遂行亚太作战的"军需集散地"。另据美国防务新闻网站报道，美军首任印太司令部司令菲利普·戴维森表示，美军和印太司令部正在推进在关岛部署陆基"宙斯盾"系统计划。陆基"宙斯盾"系统部署计划是印太司令部"最优先事项",认为"在关岛部署像陆基'宙斯盾'这样高性能、适应性强且可靠的系统,将使第二岛链建立持久、全方位的综合控制及导弹防御能力",能够有效保护岛上的17万居民和美军官兵,以及深水港口、油料库、机场等军事战略设施。

五、加强演习磨练保障默契

美军认为,开展与盟友和伙伴国之间的演习活动,能够增进协调、强化伙伴关系,促进相互之间的信任和理解,与单国演习和双边演习相比,此类演习还能够提升美军联合部队的战备水平和部署效率。演习的指挥、筹划、后勤保障和战区运输等活动往往都是以美国为主导,其他组织和机构配合。在印太战略背景下,其演习体现了大规模、多领域、全方位的特点,定期举行"环太平洋军演""盟军精神"等演习。2021年5月,法国、美国和日本海军在亚太地区展开新一轮演练,强化联合后勤能力。三国将各自的舰艇聚集在一起,希望通过一项"联合物流计划"建立强大的后勤保障网络,进行海上支持。训练内容包括海上加油和通过直升机运送物资。美国海军后勤集团西太平洋特遣队参与了三国联合行动。该特遣队统筹管理军方和民间承包商的船只。美军指挥官称,与伙伴和盟友协作,是建立牢固关系的"重要投资"。美国知音电台网站2021年8月3日报道,美国宣布从8月2日开始在印太地区举行近一个月的大规模军事演习,目的是"确保地区和平,维护该地区的自由与开放"。这次全域作战演习将整合陆军、空军、海军和海军陆战队的军力,与美军的全球伙伴在印太地区举行多项演练,包括野外作战、后勤支援、两栖登陆和特种部队作战等。

2021年7月以来，美军举行了"太平洋护卫者-21""太平洋抢劫者-21"演习，美国海军举行了"大规模演习-21"。在"大规模演习-21"中，美国海军认为未来大国冲突将面临网络通信条件和后勤保障条件被严重降级的风险，因此美国海军各作战舰艇之间以及同后勤保障舰艇之间如何保持有效的通联互动，形成联合作战能力，是演习的重点。据不完全统计，2021年美国在"印太"地区内同盟国和伙伴举行了约200多次联合演习以及700余次联合训练。

六、结束语

美国认为，对于印太地区所有重大问题，建立联盟都是至关重要的。美国自身的竞争力是决定印太地区秩序如何演变的主要决定因素。但要美国单方面应对这一问题越来越难。这将意味着，在某种程度上，美国不再有能力推行一项旨在取得无可争议的主导地位的政策。为此，美国将建立和加强与盟国、伙伴国家的全球性网络视为维护国家利益的重要内容之一，以弥补美国力量不足的缺陷。拜登政府上台以来，美国高调修复盟友关系，推出的新"印太战略"，把遏制中国摆在很重要的位置，强调将与同盟国构建"统一威慑力"为基础，打造有利于美国及其盟国和友好国家的战略环境。一方面巩固传统的同盟体系，另一方面对同盟体系进行"创新"，努力建立一个全方位、多形态、多领域遏制中国的体系，且已得到一些国家的呼应与支持。目前，英、法、德、加、欧盟等国家和组织已经显示出对亚太事务的兴趣，这使中国周边的战略态势变得更加复杂多样。美国长期在我国周边经营战略摩擦点，也是为了确保战时能够拉动盟友形成对中国多向进攻、多项施压的"群殴"态势。

展望未来,美军及美国盟友、伙伴国家将继续开展合作,保护与促进共同利益。这些合作活动有利于提升伙伴国家军队的能力,促进美国与这些盟国、伙伴国家军队共同应对各种威胁与挑战的能力。此外,还应看到的是,美军在世界多个重要地点拥有驻军,这不仅有利于美军同盟国、伙伴国家军队加强交往互动,而且有助于快速应对地区危机。

(陆军研究院特种勤务研究所　刘占岭)

美军"火箭货运"计划解读

"火箭货运"(Rocket Cargo)项目是美国空军"先锋"计划重点项目之一(图1),其目标是与私人航天公司合作,采用可重复使用的商业运载火箭,在1小时内将最多100吨的军用物资送达全球任何地点。美国空军研究实验室2022财年预算为该项目申请4790万美元的经费,较2021财年973万美元增加近4倍,表明此项目可能成为高优先级任务之一。以下结合美国空军2022年发布的该项目征集公告予以解读。

图1 "火箭货运"构想图

一、项目背景

战略空运是美军实施全球机动的重要方式，在历次局部战争中，美军都通过战略空运展示了强大军事力量存在和军事威慑力。美军一直将远距离快速空中运输装备与人员的能力作为重点发展的关键能力。面对安全环境的变化，为确保向未来联合部队提供灵活且快速的后勤补给，美国空军提出创新性"火箭货运"概念。其主要基于以下因素：

一是新的作战概念对战场运输投送提出更高需求。近年来，美军先后提出多域作战（全域作战）、网络中心战、决策中心战、马赛克战、系统战等新型作战构想和作战概念，典型特征是要求各作战要素之间实现无缝信息共享和跨域协同。在这种情况下，强大的战略运输能力将成为新型作战的关键赋能，要求能够在几小时内把先头部队、24 小时内把增援部队运送到全球任何地点，同时为快速反应部队提供最精干的基础装备以支援作战。当前，美军虽然拥有世界一流的战略空运和海运能力，但仍然无法满足新的作战要求。因此，发展新的运输投送方式，提高运输效率成为美军亟需解决的问题之一。

二是美国空军具有"火箭货运"的研究基础。"火箭货运"在军事领域并不是一个新概念，从 20 世纪 50 年代太空竞赛开始就已提出。2002 年，美国空军和海军陆战队曾联合提出"小规模太空运输与注入"计划，其结论是"火箭货运"具备可行性，可在 5~10 年内实现。2021 财年，美国空军研究实验室通过建模仿真，分析并验证了"火箭货运"的概念、算法、设计、用途、性能和运作成本等内容。

三是具有一定技术可行性。美军主要设想通过与私人航天公司合作的方式实现"火箭货运"。目前，SpaceX 公司正在研发的"超重－星舰"运输系统，运载能力为 100~150 吨，且 SpaceX 公司已通过"猎鹰"－9 火箭掌握了火箭回收与重复使用的技术，为该计划的实施奠定了一定的技术基础。就"火箭货运"的其他技术需求，如能在 1 小时内抵达全球任何地点，火箭整体可重复使用，能在多种非常规地形上降落、在密集的人群和建筑物附近降落，在缺乏地面支持的偏远地区作业，载货舱能够迅速装卸，具备再入大气层后空投货物的能力（如果落区无法支持火箭安全着陆）等，美国空军也在联合商业公司积极研发。

二、需求方案与关键技术

经过前期探索和研究，美国空军在 2022 年发布"火箭货运"项目征集公告和概念视频，其需求逐步明确。

（一）需求方案

"火箭货运"的两个基本需求指标：一是"火箭货运"的能力要与 C－17 运输机相当，达到 30~100 吨的水平；二是最低速度要求是 1 小时抵达（不含货物装载和卸载时间），相比现有航空运输的速度，提升 15 倍左右。

"火箭货运"的两类预期应用场景：一是发射台之间的物资往返运输。未来美军可以在各个基地建设发射台，重点关注优化射前和射后的操作流程，以便将点到点航天运输能力集成到现有的军事物资运输体系中。二是单程的快速补给和灾难响应。在目的地没有火箭着陆与发射设施的情况下，商业火箭自带设备通过自主或人工方式完成物资卸载；之后，火箭可以再次加注、发射返回，也可以通过其他方式运回发射台。

"火箭货运"主要由可重复使用火箭、货物集装箱和发射工位组成。可重复使用火箭是承担运输功能的主要载体,空军希望采用类似于同航空公司合作的方式,从商业公司采购重复使用火箭运输服务进行物资的快速投递。货物集装箱功能类似于载荷适配器,物资打包到集装箱后,再通过自主或人工的方式将集装箱装载到火箭。发射工位建在美军的各个基地,能够同时用于火箭的发射和返回着陆,相比传统发射台,数量多、通用性高。

"火箭货运"的三个验证步骤:一是通过地面试验和分析相结合的方式,从飞行弹道、火箭能力、集装箱设计、飞行环境、操作流程等方面对系统总体能力进行分析验证;二是利用一次发射试验,同时对火箭发射、飞行、着陆的可行性进行演示验证;三是通过多次发射试验,分别对火箭发射、飞行、着陆进行验证。

(二)关键技术

一是垂直起降可重复使用火箭技术。"火箭货运"将采用垂直起降重复使用火箭,主要涉及发动机多次启动及推力深度调节、返回和再入制导控制技术、再入热防护技术、高可靠着陆缓冲机构等关键技术。另外,飞行目的地有一定的随机性,飞行弹道变化多,气动力影响大,制导控制要求更高,需要综合应用发动机推力矢量控制、反作用控制系统和格栅舵等多种控制机构实现精准控制。

二是新型货物集装箱及装载/卸载技术。将物资封装到通用化容器中,能够在运输和装卸过程中保持货物完整性,便于实现货物的快速装载和卸载,有助于和美军现有物资运输体系相结合,还能在应急空投时为物资提供保护。集装箱的装载/卸载技术,尤其是无人自主装卸技术既能大幅提升操作效率,还能在应急着陆缺少地面支持设备的情况下自主完成货物卸载。

三是快速响应发射的地面操作技术。在"火箭货运"两种不同的应用场景下，运输的物资及目的地有可能事先已知，也可能事先未知，尤其是在没有地面发射支持设备的情况下，需要创新型的推进剂加注和发射技术，或者把火箭运输到附近的发射台开展后续操作。

四是发射、飞行和着陆的环境测量技术。在发射环节，需要对射前推进剂加注等操作环节的时长进行测量，确定射前的操作流程；在飞行环节，需要对火箭飞行全程弹道，货舱的噪声、过载和热环境参数进行测量，确定飞行环境能否满足物资运输要求；在着陆环节，需要对火箭羽流及其和地面的相互影响进行测量，评估发射台建设需求。

三、"火箭货运"优势及潜在问题

太空投送是美军在战略投送领域的最新发展方向，一旦项目获得成功，将在很大程度上改变投送方式和竞争格局。与其他运输方式相比，"火箭货运"是目前已知速度最快的货运方式。美军现有最快的货运方式是使用 C-17 "全球霸王" Ⅲ 重型运输机，可以运载 85 吨货物，飞行速度约 800 千米/小时，从美国加利福尼亚州飞到日本冲绳需 12 小时，如果用火箭最多只需 30 分钟，且不需沿途补充燃料，也不需预先获得航程中所经地点的飞行许可，绝大部分国家也不具备在火箭航行途中把它击落的能力。如果纯粹从运输的快捷性来讲，"火箭货运"精简了货运流程，且安全可靠，无疑是目前所知最快的货运方式。但是，其也面临一系列潜在问题。

一是火箭在前线生存能力较低。火箭在起降时会产生巨大的噪声和尾焰，满载燃料的火箭是敌军绝佳的靶子，如何在保证火箭生存能力的前提下，将这种创新运输能力整合到现有国防后勤供应中，包括保障火箭发射的安全性、快速响应任务规划、发射/着陆场运行、商业航天系统协调等是火箭货运面临的重要挑战。

二是火箭发射条件较为严苛。火箭只能在天气相对较好的情况下发射，恶劣条件可能导致长达一周的延误。把货物储存在太空轨道上可以确保快速反应，但前提是能正确地把物资送入轨道。此外，火箭发射准备周期较长，准备过程包括火箭进入发射台、加注燃料、安装有效载荷等，实现60分钟内把物资与人员运抵全球各地，可能需要更长时间的准备活动。

三是使用成本高。运载火箭的发射成本包括消耗的推进剂成本、发射场的使用成本以及地面各类附属设施的使用成本，当然也包括人力成本。在现有技术水平下，小型运载火箭发射一次需要2000万~3000万美元，中型运载火箭发射一次需要6000万~15000万美元，大型运载火箭发射一次需要2亿美元以上。SpaceX公司研制的"猎鹰"-9火箭在实现了除二级火箭外全部回收的情况下，其首次发射成本为4340万美元，后续的发射每次还需要1906万美元。如果按每次运载100吨货物来算，折合每千克运费是190.6~434美元（合人民币1200~2900元），国际空运快递1千克大约是150元人民币。因此，除非是不计成本运输战略价值极大的物资，否则使用火箭运输传统物资的成本太高。

四、结束语

美军长期以来致力于采取各种举措，缩短在世界各地部署作战部队以及实施后勤保障所需的时间。"火箭货运"是美军在军事战略投送领域的最新概念，是新兴技术在运输投送领域的一次大胆尝试，有可能极大地提高向作战部队运输补给效率，进一步提升美军全球快速投送后勤保障能力，加快军事部署的速度。同时，由于该技术在实战操作可行性以及成本方面存在较大的不确定性，美军有较大可能将太空运输能力作为民用后备航空队应急战备能力的一部分而发展，用于在紧急情况下增强美军的空运能力。

（军事科学院系统工程研究院后勤科学与技术研究所

孙燕侠　王毅　韩宇娟）

浅析增材制造技术对美国海军保障供应链的影响

如何在备品备件保障供应链中战略性运用增材制造技术，并辅以正确的商业模式使其效益最大化，现已成为美国海军重点关注的问题。美国海军海上系统司令部、海军研究办公室的研发团队和私营企业以及其他组织正在协同合作，促进增材制造技术的快速运用。在此基础上，美国海军供应系统司令部也对其业务决策模型以及用于管理供应链的工具，包括海军企业资源规划（ERP）系统进行了系列改革，以便其能够充分利用增材制造技术，并对其保障供应链产生以下影响。

一、促进更新美国海军备品备件保障理念

美国海军供应链过去缺乏端到端的协调和配合，造成基地级维修能力不足、效率低下，零部件拼修率高、未修理零件过多以及保障资金短缺等诸多问题，导致战备完好率降低。另外，美国海军供应链对零部件的订购决策主要依据供应保障部门对预测的需求、部队部署计划、计划外缺货或

需求大幅波动等,这种决策方式并不适用于增材制造技术,适合使用增材制造技术的主要是需求较低的非商业关键备件。因此,美国海军认为针对一些需求较低的零部件,若将增材制造技术列入海军装备保障方案,将使其供应链管理理念发生重大转变。据此,美国海军引入了"适时保障"(Just – in – time)理念,从而大大减少甚至消除了维持低需求零部件大规模生产和库存的必要。

美国海军认为,推广增材制造技术,首先需要确定增材制造产品的质量与部队实际需求是否吻合,即美国海军海上系统司令部需要确定可以通过增材制造技术生产的零件数量以及这些零件达到的特定技术性能水平。其次不是所有的零部件都需要应用增材制造技术。在确定通过增材制造技术生产零部件之前,必须进行业务案例分析。例如,利用增材制造技术生产扳手并不困难,但由于增材制造技术不具备大规模生产的可能性,如果考虑利用增材制造技术生产扳手的成本和时间,以及所需技术设备的数量,这就使得用增材制造技术制造扳手显然并不具备成本效益,更何况扳手是一种普遍存在的产品,其批量生产成本也低。一些更复杂、库存需求较低的零部件生产,使用增材制造技术才是更好的选择。事实上,美国海军在开发标准业务案例分析模板时,将充分考虑表1中的各项参数,以减少或消除决策过程中的不确定性。

表1 增材制造技术业务模型影响因素

产生成本	可节约成本	其他因素
材料成本:生产材料的成本和废弃材料的成本	库存:没有库存需求意味着没有货架空间、库存管理或人员的成本	交付时间:从发出需求信号开始到获得可使用的零件为止。在行政管理和采购准备方面节省的时间

续表

产生成本	可节约成本	其他因素
使用和维护成本：分配给生产该特定部件的系统使用和维修的费用，包括人员培训成本	浪费：没有过期的库存	后处理：在制造点或其下游进行后处理的能力
后处理：对一个零件进行后处理的费用，如对其进行精加工或涂装	运输：随着增材制造设备可部署得离部队更近，甚至在需求部队直接部署，运输量会减少	性能：如果采用增材制造技术生产的零件性能或使用寿命与传统制造的零件相比存在差距，在这种情况下，舰队用户是否可以接受
增材制造技术数据包：开发适用于特定增材制造机器的软件包有其独特的要求，如拓扑结构、.stl 文件或电子指令或程序，以建造该零件		运输时间（TS）：可使用的零件送给最终用户的运输时间
源头批准程序：不管零件是由供应商还是由政府进行增材制造，都需要进行测试和认证，这样做是有成本的		签订合同：适当的合同应该到位，以避免每次供应商接到制造增材制造项目的订单时都要写采购单/申请
设备成本：能力越强的增材制造设备，成本越高，在某些情况下每台高达 100 万美元		
知识产权：发生的知识产权许可费或特许权使用费		

由表 1 可以看出，决定一个零部件是否采用增材制造技术需要考虑诸多因素，包括定量分析和定性分析。不同的考核指标之间可能是相互冲突的，

如成本和时间。对于不同需求和不同零件，各种指标的优先级并不一定相同。部队需求的优先级（重要性）也是一个权重因素，使得一个指标的优先级高于另一个指标。例如，部队特别紧急的重要需求，可能使交付周期的优先级高于成本的优先级（部队愿意以更高的总成本换取更短的交付时间），从而自动将订单发送到适合该请求的增材技术制造点。决策的底线是应首先对特定零部件采用增材制造的业务进行决策，根据表1中的因素进行权衡，以最终确定该零部件采用增材制造技术的投资回报并决定是否采用。

美国陆军后勤创新局早先完成了一项对采用增材制造技术生产的零部件进行业务案例分析的研究，该研究重点对陆军所有可以进行增材制造的零部件进行了大规模分析，而美国海军则侧重于更具针对性、需求较低的零部件。因此，美国海军的业务案例分析是在个案的基础上进行，以确定该零部件采用增材制造技术所需的成本和时间是否具有实质意义。在美国海军供应系统司令部武器系统保障部与宾夕法尼亚州立大学应用研究实验室合作开发增材制造技术供应链建模和仿真工具期间，对150个H-53重载直升机零部件进行了增材制造可行性评估。

二、快速提升美国海军备品备件保障时效

事实上，低需求备品备件保障一直是各国军队后勤保障面临的难题。低需求是指一个备品备件在装备服役很长时间内都不会产生需求。然而一旦产生需求，就需要寻找专门的供应商进行定制生产。定制生产会导致供应商为此类备件建立专门的生产线，产生高昂的生产成本，且交付时间很长，也会严重降低部队后勤保障效益。

目前，当美国海军部队需要低需求备件时，首先要在海军企业资源规

划系统内进行申请。海军企业资源规划系统的前端处理器会对需求进行判定，企业资源规划系统的备件筹措模块会根据库存来判断是否立即满足该申请。同时系统的另一个模块会捕捉该零件的需求并每季度更新一次需求预测数据。最后采购/维护模块决定是否需要向供应商下新订单并通知规划人员。企业资源规划系统的各个模块中都设计了相关的算法，用于决定海军各类备品备件在批发和零售级各保有多少库存量，但是备件订购必须考虑交付时间。备品备件从下单到到货的交付时间对备件库存规划具有重要影响。美国海军航空兵过去10年中一直被备件库存不足所困扰，有大量飞机因关键备件需要订购而被迫停飞。美国海军舰船保障相关报告也指出，因为一些极低需求备件等待交货时间长达1～3年，舰船执行任务的能力受到严重影响。增材制造技术的一个关键优势是可以大大缩短备品备件生产准备时间。因此，美国海军需要对用于管理海军供应链的保障信息系统进行重新配置，以充分利用增材制造技术适时保障带来的优势。

美国海军企业资源规划系统在判断是否对备件进行重新订购时，要考虑备件的管理前置时间（ALT）和采购前置时间（PLT）。管理前置时间是指从部队提出需求到海军向供应商发出合同或采购订单所需的时间。采购前置时间是指从授予合同到履行合同义务，再到首次交付之间的时间。美国海军需要为增材制造技术开发合适的合同工具，对企业资源规划系统中的业务逻辑进行适当的修改，并在其备品备件供应链的关键节点上战略性地部署增材制造设备，就可以显著缩短备件生产交付时间。

例如，在美国海军备品备件供应链的业务决策中，备品备件的制造地点（PoM）一直不被重视，因为美国海军一直以来都是向承包商采购备件，且一种备件通常只限于一个供应商，或者很少有两个供应商负责制造同一零件或子组件。美国海军供应系统过去并不关心零部件到底在哪里生产，因为备件采购的交付时间要远远长于备件生产完毕后交付过程中的装卸时间或运输时间。但是，增材制造技术的应用就需要考虑生产地点问题，因为一旦美国海军建立增材制造数字工程，就需要发起需求的部队位置、运输时间，再加上在制造地点或下游制造商处对零件进行后处理的能力，考虑选择地理位置上最适合的地点制造该零件，以确保部队需要的零件能在最短时间内交付。美国海军备品备件供应系统在收到零件制造订单以及确定零件需求后，要监控相应的资源，并在备品备件完成之前准备好运输工具和生产材料。

三、加快改进美国海军备品备件保障流程

美国海军将增材制造技术纳入海军企业资源规划系统后，新的备件保障订单流程如图1所示，该流程目前仅限于某些特定类型的装备，不适用于采用承包商保障的装备，如E-6B飞机和其他教练机等。

在美国海军企业资源规划系统发现需求以后，要启动相应流程，将需求信号发送给适当的增材制造设备，并在整个供应链中对备件从最初的粉末或聚合物阶段到最终的增材制造成品阶段进行持续评估。增材制造技术设备要能够向企业资源规划系统回传数据，包括备件预计生产时间、成本开支、使用的原材料数量、机器的状态以及预计的发货时间等。企业资源规划系统要对增材制造技术全过程进行监控，以确保增材制造点有足够的原材料库存。同时，企业资源规划系统要通过增材制造过程中产生的一系列发票来指导经费核算，包括材料费、运输费、特许权使用费和所有其他分摊的费用。经费管理过程与当前舰队战备中心完成对舰船基地级可修复物品维修过程相似，但必须更加自动化。

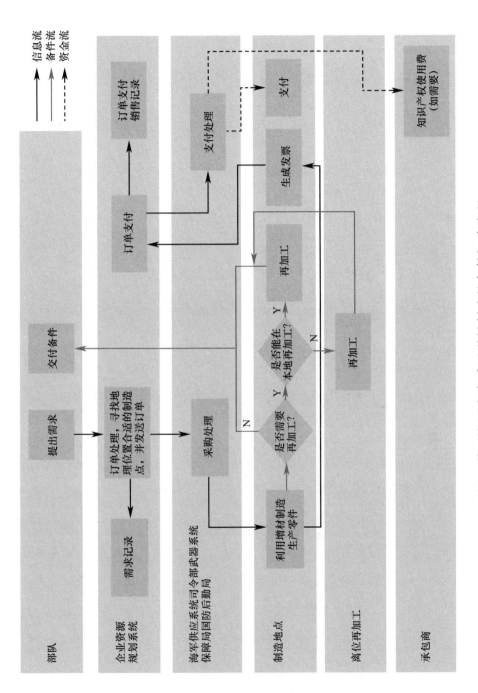

图 1 美国海军未来采用增材制造的备件订购流程

如果增材制造技术设备由政府拥有和运营，但承包商保留其备件数据权利，这个流程会更加复杂一些。在这种情况下，美国海军供应系统司令部武器系统保障局或国防后勤局要在零件制造完成后向承包商支付知识产权许可费；并与承包商签订长期合同，规定合同期间内使用特定增材制造设备的许可费，以消除单个备件采购订单涉及的反复审批和许可问题。承包商只需在零部件订单流程启动时收到通知，然后在零部件制造完成后再收到通知即可。政府可以在商定的周期基础上向承包商支付所欠款项，而企业资源规划系统将记录一切。这与目前基于性能的保障合同结构有一些相似之处，在这种情况下，政府向承包商支付费用，以便通过增材制造设备生产特定零件来保持这些特定零件具备一定的战备水平，而不是逐个采购或按维修采购。当订单直接交给拥有增材制造技术设备的承包商时，这个模型就变得简单多了。在原材料充足的情况下，供应商应对每个军方采购订单的流程都是一样的。此时，将使用一个长期的不确定交付/不确定数量（ID/IQ）合同，为备件制造和运输划定一个单一的基准价格即可。

如上所述，美国海军在整个供应链中还需针对实施增材制造技术进行更改或升级，包括技术领域、算法系统、逻辑系统、合同等方面，这对于成功将增材制造技术整合到海军供应链管理中至关重要。

四、结束语

美国海军高度重视增材制造技术的推广应用，旨在利用其技术优势提升美国海军备品备件保障供应链的响应速度：一是缩短交货周期；二是缓解主动和被动需求冲击的能力更强；三是降低备件库存量和库存成本；四是供需之间的精确预测和近实时交付；五是减少缺货可能性。与任何新技术一样，了解增材制造技术的好处、能力和限制是成功将其纳入企业资源规划系统的关键。美国海军及其供应商仍在不断改变其思维方式、作业流程和程序，以充分利用增材制造技术带来的便利。只有根据增材制造技术的独特性调整商业习惯和采购规则，才会给美国海军舰艇和飞机供应保障带来新飞跃。

（军事科学院系统工程研究院后勤科学与技术研究所

孙燕侠　王毅　韩宇娟）

增强现实技术与远程图解技术在美军战场伤员救治中的应用

野战条件下,受现场条件限制,伤员有可能迟迟不能得到确定性治疗。因此,在偏远战场环境中施行伤员紧急救治手术是世界各国军队战场医疗机构目前面临的一项重大挑战。基于这种情况,通过采用增强现实(AR)技术与手术远程图解技术,有望弥补这一缺陷,大大提高伤员救治效率。通过对两种新技术的可行性进行初步研究和验证,美军认为,增强现实系统的远程图解和远程咨询功能能够为分散部署的战场医护人员提供必要的手术支持和相关培训,且利用 AR 技术和远程图解技术为战场伤员救治提供远程手术支持是切实可行的。上述两项新兴技术对于完善伤员救治链具有非常重要的作用,特别是对于未来多域作战乃至远距离分散作战过程中的基础生命支持和伤肢处置而言尤为重要。

一、军事作战环境新变化催生战场前沿伤员救治保障新需求

"反介入/区域拒止"的复杂战场环境,加之分散部署的战场医疗救治

力量，可能会大大延迟伤员到达前方外科救护机构的时间，使伤员承受不必要的痛苦，甚至导致其功能丧失乃至失去生命。同时，紧急手术处置被延迟会增加受损组织并发症和感染的发生概率，并发症的增多会导致伤员救治费用大幅增长，而远程手术技术则有望弥补这项缺陷，大大提高伤员救治效率。

相关数据显示，从第二次世界大战到美军的"持久自由"和"伊拉克自由"行动，美军伤员的存活率显著提升，伤死率从19%下降至9%。大出血、张力性气胸和气道损伤在导致死亡的诱因中排名前三。近年来，美军伤员存活率的提高在很大程度上归功于止血带的广泛使用，乃至将伤员从战场受伤地点迅速撤离到可提供损伤控制手术的救治机构的各种救治手段。当前乃至可预期时间内，军事作战环境将会增加伤员获取必要的前沿外科手术救治的难度。前沿外科手术资源的匮乏已成为一个制约保障效率的重要瓶颈因素。

当前，美军面临的形势是可动员的军队数量不多，但作战领域很大，同时，近距离的对手也给美军空中和军事上的优势地位带来了威胁，以至于在未来的冲突中很有可能会出现区域封锁和拒止等情况。例如，目前美军派驻非洲的特种部队作战范围广阔，在很多情况下不太可能将伤员及时送往野战外科手术机构接受治疗。

二、战场前沿伤员救治保障新需求推动新兴技术的创新应用

多种因素导致未来可能要在野战条件下对伤员施行包括某些救命性手术和集束化复苏在内的初步损伤控制等处置。而远程医疗和远程呈现技术有望打破物理距离过远或敌军威胁等各种不利因素带来的限制，在有需要的野战机构内开展伤员复苏等救治工作。

伤员由于某些特定因素而不能被送往后方治疗机构时，可借助远程手术和远程呈现技术对其进行确定性治疗。国外的实地实验结果表明，通过增强现实技术可对开颅手术、颈动脉内膜切除术等进行远程指导。2002年，美国纽约市的一名外科医生在法国利用机器人为一名病人远程切除了胆囊，这是第一例跨大西洋的远程机器人手术。实地实验也证实，专业外科医生、住院医师可通过远程手术机器人施行救命或保肢手术。美军坚信，在未来的区域封锁和区域拒止环境中，非常有必要通过以上技术手段来挽救伤员生命，保全伤肢。目前，美军特种部队已提出相应需求。

基于以上因素，美军相关研究小组2021年对潜在的备选资源进行了审定，并提出了增强现实前沿外科手术保障行动构想（图1），明确了相应能力需求，能够为前沿外科手术保障研发工作提供指导。同时，开展了一项论证研究，对备选技术、培训需求等进行了评估，从而引导相应研究工作，以便有效推动增强现实技术和远程手术技术在美军作战现场伤员救治中的应用。

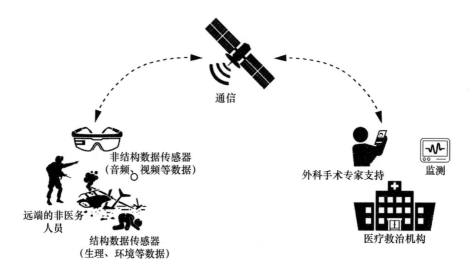

图1 增强现实前沿外科手术保障构想

三、模拟手术验证增强现实技术和远程图解技术应用可行性

(一) 验证性手术开展情况

为验证增强现实技术和远程手术图解技术的实际应用可行性,美军开展了一系列验证性手术。验证手术过程中,一位美国陆军现役骨科医生通过增强现实可穿戴显示器,指导一名海军医师助理在手术模型上完成了股总动脉和髂外动脉的前部暴露操作。

手术过程中,骨科医生另处一个空间,与医师助理使用基于 Windows 的个人电脑与增强现实眼镜的双向话音通信和全动态视频广播进行交流。其中,医师助理仅能够使用增强现实眼镜与医生进行沟通,而医生则可基于眼镜的透视功能,将指令叠加在医师助理的手术视野中和外科人体模型的解剖结构上。医生通过远程指令和话音通信来指导医师助理完成了该损伤控制手术。手术中,使用的美国 Osterhout 设计集团研制的 R-7 智能眼镜是一种轻型的可穿戴视轴显示器,其中预装了加拿大 Librestream 公司的"现场连接"远程图解软件和美国 NuEyes 公司磁感应套件。R-7 眼镜通过无线网络连接到附近大楼的台式工作站上。所使用的手术工具包括镊子、梅奥剪刀、梅岑鲍姆剪刀、环形镊子、手术刀、陆军-海军牵引器和魏特兰纳牵引器。手术中,使用美国 Operative Experience 公司的人体模型来模拟股骨高位枪伤的解剖学结构和损伤;艰苦环境的模拟是依据美国布拉格堡医学模拟训练中心的一间教室完成的。由于人体模型不存在感染控制问题,所以医师助理和另外一名非手术助理在全过程中只戴了手术手套。在进行手术之前,医师助理接受了爬行-行走-跑步的预训练。骨科医生和医师助理都接受了 ODG-R7 眼镜的使用培训(图2),培训内容还包括手术的

适应证、解剖学知识和相关技术（图3）等。可施行的手术包括筋膜切开术和开颅术。

图2　骨科医生和医师助理接受 ODG – R7 眼镜使用培训

图3　医生、医师助理进行模拟手术训练

（二）可行性测试与验证

培训过程中，美军针对髂外动脉前路手术进行了重点教育和培训，利用新开发的手术人体模型对相关人员的手术能力进行了验证。骨科医生和医师助理接受相关培训后，通过佩戴头戴式显示器施行手术，以提高对增强现实与远程图解技术的理解和应用水平。测试团队进行了反复练习，以确保能够熟练掌握相关技术和手术技能，并在模拟环境中进行了可行性最终论证和评估。

（三）技术与人因因素影响

美军主要对影响手术远程图解和增强现实技术的应用、功能发挥和适用性的技术和人因因素开展了系统评估。评估工作主要针对系统的可用性、开展远程指导的外科医生和实际操作的非外科医生的工作量、舒适性/自信心等方面，具体评估内容包括手术的易操作性、任务负荷、安全性、高效性和手术时间等。

此研究的成功实施和对相关数据的分析将为能力提升策略制定与后续研究提供指导，具体涉及实地环境设置、美国陆军特种作战司令部副参谋长/军医署主任提出的一系列手术清单等。已列入清单并计划使用该两项新技术的手术包括控制交界处出血的深部血管通路搭建术、腹腔填塞术和临时治疗闭合术、上肢筋膜切开术、下肢筋膜切开术、高级烧伤护理复苏术、钻孔开颅术、主动脉复苏性血管内球囊闭塞术、外固定器放置术、肢体血管修复与分流管放置术、开放性骨折灌洗与清创术。

美军的可行性研究主要针对海军独立看护兵、陆军特种部队卫生员、空军空降救援队和非外科医生手术人员。之所以选中这些人员，是因为他们的工作地点条件艰苦，医生匮乏，且缺乏相应的后勤与医疗后送保障。由于该项研究是一项可行性研究，故美军并未设置对照组。但美军计划未来的研究将设立对照组，并深入研究伤员远程手术附加规程。

（四）验证性研究结果

美军成功地对轻型可穿戴式视轴显示器在手术控制方面的模拟、概念性应用进行了验证。验证性研究过程中，基于增强现实技术，外科医生远程指导医师助理开展了股动脉和髂外动脉的前部暴露手术（图4、图5）。手术过程中，作为助手的另一名非外科人员手持牵引器，听从医师助理的命令进行辅助操作。医师助理成功地施行了股总动脉近端的暴露和夹闭操作，手术取得成功。验证性研究结果表明，由医师助理、外科医生组成团队能够采用增强现实和远程手术图解技术实施人体交界处出血控制，具备在战场前沿环境中按时、按需施行手术的能力。

图4　外科专家进行远程手术指导

图5　美国海军医师助理佩戴可穿戴显示器进行股总动脉和髂外动脉前部暴露手术

四、增强现实技术和远程图解技术的应用前景可期

目前,美军军事医学研究成果表明,大多伤员需要在 60 分钟内接受手术,但在相对偏远的战场环境中,卫勤保障部门往往会面临外科医生数量不足,无法保障整个战区,从而导致无法及时为伤员施行手术的困境。这种情况下,对医护人员进行高级医疗培训,乃至对医疗救治保障人员进行远程咨询、指导支持的需求都会相应增加。

远程医疗已经从最初的电话沟通发展到目前先进的实时视频会议、远程咨询和远程图解,使其非常适合在分散的地理空间之间传递外科知识。某些偏远战场环境中,医疗和后送资源匮乏,可视化技术和通信技术的进步使远方的外科专家能够对当地的卫勤保障人员进行远程指导和培训,从而为伤员施行高质量的紧急外科救治。

在远程支持手术中,处于指导方的外科医生在一个手持或远程设备上绘制或放置仪器,向被指导的外科医生演示手术操作。这些图画或设备会被叠加在手术野内,以指明操作步骤或重要的解剖结构。目前,许多技术都是在中心视轴以外的地方显示远程信息,要求手术医生的目光偏离手术野,以避免对手术效果产生不利影响。由于手术野上的某些设备影响了对手术野的直接观察,且设备尺寸、重量和对固定位置的要求进一步限制了设备的实地应用,为此,美军论证了一种新的轻型可穿戴显示器,其具有更好的远程图解能力,可用于探索利用成熟的商业设备进行远程手术保障的可行性。

五、增强现实技术和远程图解技术的未来发展

未来，美军将主要针对远程图解技术的临床效益、培训计划和规程的效率效益、远程咨询和图解的质量、用户对远程咨询和图解的满意程度、人机交互等展开相关研究。临床效益主要包括临床规程表现的准确性、任务完成度和持续时间、完成手术所需的咨询、远程图解水平等。为此，美军专门设计了一种综合方法来完成以上研究，并对偏远战场环境远程外科手术保障的三个方面进行评估：一是利用美国陆军现有的通信系统，在医疗机构的外科专家和远距离非外科医生之间进行远程图解的技术要求和最低需求；二是培训需求，对外科医生和非外科医生进行相关培训，使其能够操作相关的远程传输硬件、软件和通信系统，以施行下肢交界处出血控制手术；三是该培训范式和技术的可迁移性，是否有更广泛的应用，以满足未来战场医疗救护保障需求。

六、结束语

基于以上研究，美军认为，增强现实系统的远程图解和远程咨询功能能够为分散部署的战场卫勤保障人员提供必要的手术支持并进行相关培训，能够满足作战现场伤员远程手术支持的需求。未来，通过对增强现实技术和远程图解技术的应用开展深入研究，能够更好地满足未来战场医疗救护保障需求，提升美军战现场伤员的时效救治能力。

（军事科学院系统工程研究院卫勤保障技术研究所

高树田　陈平　段德光　陈建新）

前沿新纤维材料的军事应用发展

纤维材料是现代军事装备发展的重要基础材料。现代军事应用远程精确化、智能化、隐身化、无人化趋势日益明显,而这其中实现的关键基础之一就是前沿纤维复合材料,核心就是具有高强高模、耐高温、智能化和轻量化等性能的新纤维材料。

一、前沿新纤维的性能特点

前沿新纤维,即能够具有满足未来信息化、智能化、轻量化、绿色化等需求的具有前沿性能或前沿制造方法的新纤维,品种有传感、光导、温控、光控、纳米、智能、自响应、仿生、合成生物、超结构、储能、超轻量等新用途纤维。前沿新纤维研究通常是基于新功能设计方法或基于新方法得到新功能,因此包含了前沿性能和前沿制造方法。前沿性能主要包括传感与智能、仿生与自响应、自适应与主动防护、能量转化与储能、超结构与超轻量、高耐久与可控降解、生物基与全周期绿色等特点。前沿制造方法主要包括高通量、合成生物法、微纳米法、3D/4D 打印法、纤维复合材料智能可控等。这类纤维是为满足未来作战模式发展不断研究的新材料和新技术。

二、前沿新纤维的发展现状

（一）全球注重开展前沿新纤维材料研究

美国在 2016 年 4 月成立了由国防部主导的美国国家制造创新网络中第 8 家制造创新机构——革命性纤维与织物制造创新机构（RFT – MII），旨在将数字化革命和物联网技术与纤维技术相融合，催生多材料、多结构、集多种功能于一身的"智能纤维"。欧盟推出 Dephotex、Powerweave、石墨烯旗舰计划等，着力解决光电纤维、储能纤维、纳米材料等新纤维研发；英国推出 Proteus 计划，在智能传感网络处发力；日本布局碳纤维、芳纶和高分子量聚乙烯三大高性能与高功能纤维，注重整个产业链的研发，并成立了新构造技术研究联盟（ISMA）；德国推出"未来纺织"（future – TEX）国家战略，将其与工业 4.0 进程紧密结合，以期实现在汽车、电子、信息、航空和军工等多个领域的革命性突破，维持前沿纤维研发和应用处于世界最前沿的优势。

（二）3D/4D 打印技术推动仿生纤维材料构建

仿生研究通过借鉴生物表面肌理质感、织物组织结构特殊属性、生物功能原理与特征等方式，实现仿生纤维材料设计。仿生纤维中，蜘蛛丝纤维强度大、韧性大、弹性好、抗冲击力强，并具有质轻和可生物降解等优异性能，在防弹衣、降落伞、航空航天等领域具有广泛应用前景。巴西科研人员将大肠杆菌稀释于液体介质中，合成出具有 DNA 序列的蜘蛛蛋白纤维。2021 年 4 月，美国麻省理工学院、陆军研究实验室合作模拟龙虾腹部结构，制造出厚30~40微米的纳米纤维膜，弹性强于凯夫拉纤维。3D/4D打印技术的突破是仿生纤维材料设计的关键，根据自然界生物组织结构变形的方法，采用3D/4D仿生打印，研发了航空航天的智能展开结构、可变电磁性的超材料、航行器的自变形机翼等。2021年2月，美国南加州大学将3D打印技术构建的晶格结构浸入细菌培养基中，实现细菌（巴氏杆菌）浸入晶格内部；随后将晶格进入到含有尿素和钙离子的矿化介质中，以促进细菌分泌脲酶，引导合成与天然矿化复合材料微结构相似的碳酸钙结构材料；通过微生物诱导矿化作用，生长出具有有序微观结构、出色力学性能的仿生材料。该材料表现出优异的比强度和断裂韧性，以及优于天然和人工复合材料的优异吸收能力，可以用于防弹、航空航天等领域。

（三）智能纤维可用于士兵智能可穿戴装备

可穿戴装备得益于先进纤维材料、设计和制造技术的创新。2021年3月，美国麻省理工学院在《自然电子》上发布，可利用自动涂层工艺制造同轴压阻纤维，并编织成具有触觉感知的袜子等装备，以捕捉人与环境的各种交互作用。同年6月，麻省理工学院与士兵纳米技术研究所等多家单位联合发表智能纤维文章，宣布研发用于士兵制服的可编程纤维，提供有助于监测士兵健康的生物识别数据，这种纤维能将数字光纤并入到织物上，可收集和存储士兵多天的体温数据，并通过含有1650个神经元连接的神经训练网络，推断士兵正在进行的活动类型，准确率达96%。在纤维中实现数字设备能力，不仅可以测量和存储生理参数，还为感知、存储、学习以及外界环境感知提供思路。

（四）PIPD纤维有望提升防弹能力

产品的减重主要通过材料的轻量化实现，在满足同等强度和耐热等性能的前提下，减重对于提高作战效率具有至关重要的作用。聚对苯撑苯并双噁唑（PBO）纤维是由美国空军空气动力学研究人员发明的，被认为是目前比强度、比模量最高的有机纤维，被誉为21世纪的"超级纤维"；但PBO纤维的耐湿热性能和耐紫外性能较差，在防弹领域有很多的不确定性。聚2，5-二羟基-1，4-苯撑吡啶并二咪唑（PIPD）纤维是Akzo Nobel公司在20世纪末报道的一种超级高性能纤维，具有高比模量、高比强度、密度小、抗紫外老化和抗压缩性能等优点。美军研究表明，在防弹要求相同的条件下，PIPD（强度3.69吉帕，弹性模量271吉帕，断裂伸长1.7%）替代对位芳纶（Kevlar29和Kevlar KM2）可使装备减重42%~63%，而采用PBO只能实现25%的减重。PIPD纤维作为先进复合材料中的增强材料，在航空航天、防护材料等领域具有重要的应用价值，但目前只有荷兰、美国等少数国家开展PIPD纤维制备的初步研发工作，尚未形成系统的单体、聚合与纤维制备技术。

（五）生物基聚酰胺纤维可实现多元应用

根据美国《生物质技术路线图》规划，2030年生物基化学品将替代25%有机化学品和20%的石油燃料；根据欧盟《工业生物技术远景规划》，2030年生物基原料替代6%~12%化工原料、30%~60%精细化学品。常见生物基纤维包含莱赛尔纤维、竹纤维、聚乳酸纤维、生物基聚酰胺纤维等。其中，生物基聚酰胺56纤维采用生物基单体聚合纺丝而成，具有高强耐磨、吸湿舒适、伪装可染等优良特点，可广泛应用于军需被装防护领域；以生物基聚酰胺56材料为支点，延伸到生物基聚酰胺5X，开发超高性能纤维和特种塑料，在作战防护装备、油料保障装备、特种电子材料等领域极具应用潜力。

（六）纳米纤维材料在防弹领域表现优异

纳米纤维是指直径为纳米尺度、较长的具有一定长径比的线状材料。

广义上说，纤维直径低于 1000 纳米的纤维均称为纳米纤维。传统的纳米尺度非织造纤维的制造是通过静电纺丝纳米技术得以实现，进而制备具有光催化降解作用的一维柔性陶瓷纤维膜，具有空气过滤、防水透湿性能的二维纤维膜材料或者具有高温隔热等性能的三维纳米纤维气凝胶。2021 年 7 月，《ACS 纳米》(*ACS Nano*) 发表了美国圣路易斯华盛顿大学设计的淀粉样杂交蛋白，该淀粉样蛋白具有形成 β - 纳米晶体的高趋势，其中由含有 128 个 FGAILSS 序列重复序列的蛋白质聚合物制成的纤维，平均极限抗拉伸强度为（0.98 ± 0.08）吉帕，超过了大多数重组蛋白质纤维，甚至超过了一些天然蜘蛛丝纤维，比凯夫拉纤维更坚韧。2021 年 11 月，美国麻省理工学院在《自然材料》刊出，结合超声速冲击下的三维纳米结构和极端动态载荷下的材料尺寸效应，使用双光子光刻技术和高温热解方法，开发了具有小质量、高强度和极端比能耗的 3D 先进结构超材料。该三维纳米结构碳晶格材料由 13500 个束径在 370～530 纳米的十四面体单元组成，与具有相同比冲击能量的凯夫拉复合材料和纳米聚苯乙烯薄膜相比，其比能耗高约 70%，表明具有更优异的防弹性能，为灵敏电子产品的轻质装甲、防护涂层和防爆屏蔽设计提供了新方向。

三、前沿新纤维材料在军事领域的应用前景

前沿新纤维材料是单兵防护、军用被装、武器装备等的重要基础材料，没有先进前沿新纤维材料的应用，军事装备就很难实现跨越式的换代发展。

（一）单兵防护及军用被装领域

单兵防护分为以头盔、防弹服等硬创伤防护和以功能性防护为主的软

创伤防护。在单兵防护使用中，要求纤维材料兼具高防护和轻量化双重优势。芳纶/金属复合材料、芳纶/陶瓷复合材料应用于防护盾牌、装甲车辆等，采用芳纶复合材料的防弹头盔比钢盔减重 30% 以上，且防弹 V50 值提高 30% 以上。采用超高分子量聚乙烯（UHMPWE）纤维的超高性能防弹复合材料的防弹能力比芳纶纤维高约 25%，同样满足防弹标准下，前者减重 40% 左右。

美国陆军纳蒂克士兵中心提出的 2030 年未来士兵综合系统，就涉及了阻燃防护、保暖防护等"士兵防护"技术。美军第四代阻燃作战服虽然解决了阻燃防熔滴、迷彩伪装、穿着不适的问题，但耐用性、强度低、价格高等问题仍没解决，高效无毒的阻燃纤维仍需要进一步开发。近年来，光致变色、光子晶体变色、电致变色纤维、纤维自适应变色伪装可应用于军事隐身伪装等领域，搭配柔性可穿戴电子器件等智能服装，催生军用被装朝智能化方向发展。

（二）其他保障领域

在油料储运、物资仓储、运输投送等其他后勤保障领域，前沿新纤维可作为防护与承载装备纺织辅料、帐篷与掩体用纺织品等使用，成为具有本体阻燃功能的阻燃材料、具有伪装功能的防侦视材料；也可用作信息、检测、交通运输、电力技术等领域的导电纤维材料；或应用于大型吊装、航空母舰绳索、航洋防护网等领域的芳纶纤维、UHMPWE 纤维和由多股纱线捻合而成的高强绳缆等。

（三）武器装备领域

在导弹装备方面，美国"三叉戟"-1、MX，法国的 M-4 和苏联的 SS-24、SS-25 均采用先进的芳纶材料，后来美国的"侏儒"和"三叉戟"-2、法国的 M-5 导弹采用最先进的碳纤维材料；美国 X-34 和

"德尔它快车"试验火箭 DC – X/DC – XA 将使用复合材料蒙皮,日本试验轨道飞行器 Hope – X 采用全碳纤维复合材料面板,其质量比铝合金结构轻 20%,制作成本只是常规铝合金结构的 20%。对于坦克装备用纤维材料,要保证其既能防穿甲弹、中子弹等,也能满足轻量、抗冲击等性能,采用最新的芳纶复合装甲,同时开发超高强、超模量、高韧性、高导热的材料。

飞机机翼、垂尾、平尾、部分机身均采用高性能纤维复合材料,F – 35 战斗机的高性能纤维复合材料占比超过 40%,即高性能纤维用量在 20% 左右,H160 直升机采用全复合材料,Z – 10 和 Z – 20 直升机的复合材料用量都在 30% 以上。

四、结束语

纤维材料是现代装备的关键基础材料,随着各国在航空航天、产业用纤维、军事武器装备等领域的巨大需求,对纤维材料的性能要求和市场需求急剧上升。世界各国正持续加大新纤维、新材料的研发投入,大力提高军用装备的科技性能水平,加速推进军队装备建设,提高军队战斗力和保障力。

(军事科学院系统工程研究院军需工程技术研究所

王美慧　郝新敏　梁高勇　韩笑)

美军装备维修领域增材制造技术新进展

增材制造技术作为一种颠覆性技术受到世界各国的高度重视，尤其是在装备维修领域，更是将其作为新型支撑技术加快研究应用。2021年，外军对增材制造技术的开发应用进行了持续研究，主要体现在增材制造设计、增材制造质量监控、打印设备开发和数据库建设方面。

一、优化增材制造设计

老旧装备系统备件的制造关键是获取原零件的数据信息或进行重新设计，为此，美军采用多种手段优化增材制造的设计。

一是美国森沃尔公司开发了用于增材制造的机器学习软件。软件可支持增材制造工艺、机器和材料的认证，快速优化工艺参数，预测部件的材料性能，并能质量保证，降低成本，更快地对增材制造零部件进行认证。该技术由海军研究办公室、国防后勤局和美国国家标准与技术研究院共同开发，森沃尔公司对技术进行了各种试验验证。基于数据的机器学习软件适用于国防部各军种和国防后勤局。当规模化部署时，将极大降低增材制造材料和零件鉴定认证的费用，每个零部件将由之前的150万美元降低到约50万美元。

二是美国 iSEEK 公司设计了基于照片的识别和文件检索系统，通过标准平板电脑或智能手机拍摄单个实体零部件的照片，用于零件识别和几何搜索。该系统由一个后端搜索索引启用，它从计算机辅助设计（CAD）模型或精确驱动的 3D 扫描生成。该数据的编码生成 2D 和 3D 搜索索引，从而能够从识别到检索增材制造生成所需文件的集成解决方案。该方案消除了扫描和后处理时间，不需要充分的技术和培训，也不需要昂贵且精致的设备。

三是德国慕尼黑联邦国防大学和德国材料、燃料和润滑剂联邦国防研究院的研究人员采取基于特征分类的方法对增材制造备件进行了重新设计研究。探索了两种重新设计方法：第一种方法是创建复制品，设计重点是使零件看起来与原品没有区别，其功能也完全相同；第二种方法更倾向于工程驱动，允许增强、优化和实施增材设计改进。第一种方法更像是备件的改编，重点关注与原始备件相似的部分。第二种方法属于功能驱动，运行修改增材制造设计。研究人员使用两种设计方法对粉末床熔化增材制造的 4 个零件进行了比较。结果表明，设计空间越不受限制，就越可能获得更好的结果。采用第二种方法，显著减少了建造的体积和设计时间。第二种方法与第一种方法相比，所应用的支撑结构较小，能够节省材料。总体而言，按照第二种方法制造的备件在机械性能上稍好，成本也较低。尽管第二种方法更受设计单位的欢迎，但客户更喜欢第一种方法设计的备件，对其接受率为 100%，而第二种方法设计的备件接受率仅为 25%。客户认为，如果备件性能良好，则不必再重新设计，精确复制老产品就好。

二、关注增材制造的质量监控

增材制造通过数字文件在各个地点分布式制造零件，但并不是每个地点都设有专门的监管机构，因此，打印出的零件并不能保证全部没有缺陷或完全合格。增材制造常出现且需要重点关注解决的问题：打印材料喷溅；熔池中会排出液体或产生粉末颗粒，在金属增材制造打印视频中显示火花或烟雾；沉积表面上形成凹陷，导致材料出现气泡。为促进增材制造技术的进一步可靠应用，并解决上述问题，2021年美军主要采取了以下措施：

一是美国Addigum公司为增材制造过程提供实时监控解决方案，可对增材制造全程实时监控。监控技术在构建过程中使用了新的计算机视觉和人工智能算法检测缺陷，然后通知用户。用户可以进行更改，以修复缺陷或停止打印。智能成像不需实体连接到3D印刷机就可以逐层收集数据。直观的软件界面允许用户实时查看图层数据。该系统可以方便地整合到增材制造设备中。软件采用高分辨率（1500万像素）光学相机逐层采集数据，拍摄粉体和融合层后的图像。然后用人工智能模型对粉体图片进行分析，如果发现异常，则发送通知。系统能够检测到150微米或更大的异常，检测准确度达90%。

二是美国空军研究实验室也在研究金属3D打印中进行缺陷控制的技术。美国空军研究实验室与诺斯罗普·格鲁曼公司展开合作，在劳伦斯利弗莫尔国家实验室利用连续切片技术进行过程建模工作，探索如何将先进的材料特性研究工具和过程建模技术结合起来，以确定哪些行为会在增材制造过程中导致产品缺陷。研究人员利用建模工具对材料处理策略进行了测试，以消除这些会影响材料性能的操作。这项研究有助于确定缺陷的形成机制，并找到避免缺陷的方案。

三是美国陆军通过传感器来监控3D打印零件的缺陷。美国陆军通过传感器来检测和监控3D打印马氏体钢的磨损。这种检测技术能够预测零件何时会出现性能退化或出现故障，提示需要更换的零件。另外，InftaTrac公司提出了一种 3D 打印的化学认证策略。使用打印化学标签和通过手持光谱仪即时现场认证。在打印过程中插入一个隐蔽的、与打印兼容的化学标记，以便进行无损现场验证。标记技术已经在十几种类型的打印机上成功地识别了每种基质材料的可检测、可打印的标记混合物，包括尼龙、丙烯酸酯、聚醚酰亚胺、丙烯腈－丁二烯－苯乙烯、聚碳酸酯、Ti6AL4V。方案验证测试表明，可现场瞬间筛选出不合格的零部件。

三、开发应用新型 3D 打印设备

为满足不同应用场景维修备件的补给需求，美军积极开发新的打印机系统。

一是美国国防后勤局要求 ExOne 公司开发 3D 打印方舱，可通过陆、海、空运直升机部署到野外，为战区或就近提供装备零部件保障。该方舱包括 3D 打印扫描仪和准备站、金属和陶瓷黏合剂喷射 3D 打印机、固化加热箱、纤维增强塑料 3D 打印机和压缩成型设备，可支持采用 20 多种金属、陶瓷或复合材料进行零部件生产，并能存储零件的电子图像用以快速设计或修改。利用该方舱，可在 48 小时内为受损零件制造出替换件，显著降低战场保障时间和成本。

二是美国科巴姆高级电子解决方案公司与瑞士 SWISSto12 公司合作，探索将 3D 打印技术用于电子元器件制造。SWISSto12 公司开发的软件和新化学蚀刻工艺能以更高的精度 3D 打印电子器件。该项目将显著降低军用雷达和航天系统中射频部件的成本和重量。

三是美国 MarkForged 公司与海军陆战队和海军合作开发 X7 现场版打印机。X7 现场版打印机由标准的 X7 商用打印机改造。MarkForged 公司用坚固的包装和足够的材料/备件对其进行了优化。X7打印机平台由一种使用连续纤维增强的专利技术组成，用3D打印复合材料零部件取代传统金属部件。利用连续长纤维制造技术，可以将连续纤维镶嵌在热塑性塑料中。使用这种方法的X7打印机可以连续铺设高强度纤维，并通过第二个打印喷嘴内的熔丝制造挤压热塑性塑料，同时打印。增强纤维形成打印的零部件的"骨架"，特点是坚固耐用。开发X7现场版打印机的目的是使最终用户能够将3D打印部署到战区级维修中，目前第一个产品试验成功后已部署美国海军陆战队。这种打印机包装和质量小于190磅，尺寸为36英寸×36英寸×36英寸。打印机可以在极端恶劣天气下使用，可在10分钟内打开包装并开始打印。此外，该打印机完全可以离线运行，且具有Wi-Fi功能。打印机打印出的零部件与6061 T-6铝抗拉强度相当，是传统铝质量的一半，减小了整个部件质量。

四、构建增材制造数据库系统

设计构建系统全面的增材制造数据库系统，可以有效提升3D打印的效率，增强供应链的弹性，也更能体现3D打印的成效。

一是美国3度公司构建了增材制造零部件存储系统。为了对每个增材制造生产的零部件进行记录和存储，需要关注100多个变量，且要遵循不断发展的制造标准和规范。3度公司构建了一个名为"TRACE"的软件工具，以帮助简化该过程。基于3D打印过程的核心工作流程（设计输入、材料、工艺、后处理和检验），该软件使在生产3D打印零部件过程中开发的整个数据链能够在一个地方数字化。它为活动项目、进行质量分析和工厂管理文档提供了快速、清晰的图像。这是一个可快速评估利用率和进度的简单方法。因此，该软件还能够自定义工具以获取需要的每个细节。该系统的应用可以极大节省时间和成本，并能保证在整个生命周期中启用零部件的可追溯性。

二是美国海军开展为维修人员服务的增材制造数据处理工作。佛罗里达州梅波特海军基地的 3D 打印实验室或梅波特海军基地的东南区域维修中心的制造实验室开展了为维修人员服务的增材制造数据处理工作，帮助舰队确定所需的零件，然后将这些 3D 打印模型放入技术数据包进行处理，就可以在电子图书馆中获得这些模型。目前已有海军海上系统司令部批准的 270 个零件可供船上使用，且数量还在增长。海军舰载司令部计划开发技术数据包，一旦获得批准，这些技术数据包将被上传到海军批准的零件数字库中，可以为任何船舶提供下载和打印服务。但只有在获得零件和设备的核准数据包的情况下，才有可能以军事身份使用 3D 打印机。对于未来增材制造零部件的理想状态，海军的描述是"只要操作打印机，点击打印，就可以在世界任何地点得到这个零件"。

五、几点思考

随着增材制造技术在装备维修领域应用的深入推进，研究探讨的重点开始向深层次拓展，主要是增强应用的适用性、可靠性和高效性。一是更加注重优化设计。增材制造应用于维修领域与装备制造生产领域有一定差异，对于增材制造的重要环节设计或数据信息获取来说，可以有多种方式和渠道，可以通过扫描、复制品设计，也可以进行增强和优化设计，主要视成本、材料、质量要求、使用习惯等来确定。二是更加注重质量控制。在增材制造应用的初期，主要解决有无的问题，当打印材料、方法、设备都有了新的进展时,自然会对零备件的质量、性能和可靠性提出更高的要求,以满足各专业领域、各类型装备和不同打印材料的应用需求。三是更加注重数据库建设。增材制造最大的优势是现场制造所需要的零部件,而打印所需要的信息数据是基础,如果有充足、现成可用的数据信息,零备件的打印就更加高效。

(陆军研究院特种勤务研究所 刘占岭 张福元)

美军推进智能基地建设

军事基地是支撑美军军事行动的战备场所，是美军进行训练和投送兵力的平台，为美军全球作战提供重要支撑。近年来，美军大力研发和建设"智能基地"，保持军事优势，提升机动能力。2020年12月，陆军发布《基地战略》，强调赋予基地"智能"和现代化能力；2021年1月，国防部出台《5G战略实施计划》，提出要以测试基于5G的智能基地为核心工作之一。美军正在为军事基地现代化赋予关键能力，运用物联网、人工智能、机器学习、增材制造等新兴技术，优化任务响应时间，提升后勤保障效率，实现实时决策。

一、美军未来智能基地设想

美军设想从现有军事基地的现代化推进未来智能军事基地建设，充分利用人工智能、先进材料、大数据和安全网络技术，将物联网传感器设备集成到飞机、智能工厂、战术车辆、军事建筑设施中，增强军事基地的连通性，使其更加自动高效地运行。

一是连通作战士兵。未来的智能基地将通过生物传感器与作战士兵连接，传感器可跟踪士兵的体能、卡路里摄入量和训练成绩，数据分析将提供从单兵到部队到整个军种的战备计划定制。二是自动化运行。未来智能基地将利用传感器技术收集数据并进行深度分析，为士兵提供更便捷舒适的兵营住宿，可对营房建筑实施按需监测，减轻能源峰值负荷，精确跟踪燃料和水的供应需求。三是数字化仓储。未来智能基地将运用人工智能、自动化技术辅助执行战时、战地和驻军的仓储管理任务，实现快速的供应保障，提高供应链各环节速度，最终实现利用最少的人工接触，接收、发放、包装、标签、库存管理和配送。

二、美军智能基地建设发展动向

2021年，美国国防部和各军种持续推进智能基地建设，加强多域作战空间的战备，同时为其军人及家庭提供高质量的设施与服务。

（一）陆军运用人工智能和物联网技术建设"未来基地"

美国陆军自2017年开始建设"未来基地"，将"未来基地"作为其现代化计划的一部分，创建支持战备能力、抗干扰能力和持续保障能力的基地。陆军探索在基地纳入人工智能和数据分析等能力，为士兵和指挥官提供更快的态势感知能力，创造多域作战框架初始机动平台运行环境，提高陆军复原力。2021年，陆军测试、部署了多项智能基地技术。一是运用物联网技术提升基地网络通信安全。6月，陆军在圣安东尼奥联合基地开展了轻型卡车上的5G柯尔特电池（5G CoLT）性能测试（图1），利用车辆机动性，可在通信中断时进入一个区域并传输加密数据，确保核心机构紧急情况下的继续通信；利用5G速度优势，连接速度可达1吉字节/秒；采用特殊通信网关,可集成扩展公共网络和军用网络,推动基地设施连接到战场,未来多个陆军基地将集成该技术。二是运用人工智能提升基地设施预测性维护。陆军正在实施基地任务有效性虚拟测试台试点计划,尽量利用基地设施,减少意外维护,该项目研发人工智能工具,可利用传感器数据对整个基地的设施状况进行预测分析,数据涵盖能源使用与水处理以及自动驾驶车辆运行等方面,控制台可帮助操控人员和指挥官了解和评估基地设施存在的各种风险。

图 1　美国陆军在圣安东尼奥联合基地工作人员进行 5G CoLT 通信性能测试

(二) 空军运用 5G 和自动化技术布设 "智能基地"

空军基地是一个错综复杂的、基础设施与作战平台紧密相连的作战系统。

空军基地对战时飞机的正确数量配置和起飞时间有较高要求。当前,空军正利用数据分析、人工智能和机器人技术建设 "智能基地",实现基地高效运营。一是交叉融合新兴技术提升基地态势感知。麦克斯韦-冈特空军基地利用 5G 通信、物联网和人工智能等技术的交叉融合，将连接的传感器网络安装并集成到基地周围，测试了智能周边、门禁监控和车辆管理等功能，提高基地安全性和态势感知能力；空军还在飞机检查和维护、基地安全、跑道损毁评估与维修等领域嵌入自动化和无人系统，降低维修工程师检修负荷，减少飞机周转时间，提升跑道损坏评估与维修能力。二是扩大 5G 基地布设数量。美国国防部在 5G 应用测试初始阶段选择了 12 个军事基地作为试验场，其中珍珠港希卡姆联合基地用作增强飞机任务战备，廷克空军基地用作军事通信与 5G 频谱共享，内华达州内里斯空军基地用作可生存性指挥控制与网络增强。2021 年，空军继续扩展 5G 基地部署，9 月，美国威瑞森公司获得空军合同，为空军预备役司令部 7 个基地提供 5G 超宽带无线布设，提高空军基地运行速度，增强基地操作人员、维护人员和卫生急救人员的处置能力，可使预备役工程师使用微软小组软件实时协作修复数千英里外的战斗机，可使飞行员通过观看视频执行非常规任务等。美国空军希望将 5G 扩展到全球基地。

（三）海军和海军陆战队运用 5G 和物联网技术建设"智能仓库"

美国海军陆战队力求通过"智能仓库"提升远征基地保障效率和可靠性。一是运用数字化技术提升仓库物资可视性和自动化管理。2021 年 2 月，海军陆战队后勤司令部启动支持 5G 的智能仓库建设，将配备机器人、条形码扫描和全息、增强和虚拟现实应用程序，帮助管理车辆、物资和用品的存储和维护。海军陆战队采用通用电气公司研发的建模和预测分析模块进行库存物资实时跟踪；采用毕马威公司创建的集成的、自动化和数字化的程序模块，控制整个仓库的设备和物资调配；采用科学研究公司的自动化管理和控制模块进行仓库物流、物资和库存跟踪、环境管理和设施访问控制。海军陆战队开展了 5G 智能仓库建设运行能力验证，7 月，奥尔巴尼后勤基地联合海军陆战队后勤司令部和仓储司令部进行了国防部"5G 到下一代"计划的前期能力演示，验证该基地 5G 智能仓库对提高海军陆战队后勤和仓库操作的效率和准确度。测试表明，5G 智能仓库将提高库存管理，增强仓库运行能力，彻底改变海军陆战队仓库物流方式。二是运用物联网技术提高仓库运营效率和安全性。2021 年 6 月，美国物联网软件开发公司森佩尔措恩获得海军陆战队奥尔巴尼基地智能仓库物联网应用程序合同，利用基于云的软件即服务应用平台，并采用基于 LoRaWAN 的无线传感器来获取整个仓库的环境条件，包括温度、湿度、物流状况和二氧化碳水平等。该应用程序使用移动传感器技术，帮助仓库简化对装卸码头的管理，对运输卡车到达、离开和卸货的协调，以及对所有仓库舱门状态的监控。未来，这些基础设施和应用程序将极大提升仓库运营的及时性、准确性和安全性。

三、美军建设智能基地的影响分析

美军认为其当前的军事基地大多面临设施老化问题，无法应对大国竞争战略环境下的作战需求，需要建设运行高效、成本较低、更具弹性的现代化基地。美军建设发展智能基地的举措，对其作战部队适应多域作战环境，增强基地应对安全风险的能力以及后勤部队提升保障灵活性具有较大影响。

（一）适应未来多域作战环境

在多域作战概念下，《陆军基地战略》将军事基地视为作战空间的一部分，是建立和维持战备的战略支援区，能在持续竞争的作战环境中向美军提供关键能力，军事基地的战备状态与军队创造并投送战斗力的能力直接相关。美军认为，在多域作战中，军队通过军事基地产生战斗力，基地不再仅是军事设施和军人宿营场所，而是与战场息息相关。为保持军队在所有作战域的生成、投送和保障的战略优势，需要对军事基地进行完整的能力评估，确定基地在多域作战中的关键能力、差距和潜在解决方案，建设和发展智能基地，实现多域作战远征后勤持续保障行动。

（二）增强安全威胁应对能力

美国国防部《2018 年国防战略》认为，受大国竞争中均势对手的技术实力威胁，"本土不再是避难所"，对手的超高声速武器打击范围可能覆盖美本土，并压缩了美军反应时间；潜在对手可能发动信息战，对能源和供水来源、人员和关键基础设施进行物理攻击。美军需提升军事基地安全性，做好计划和实施防护，确保基地可在动态作战中运行。智能基地可为基地基础设施搭建网络化的安全围栏，提升威胁应对能力。关键基础设施现代化可增强自然环境的变化、极端天气事件和流行病等突发事件的应对与防护能力。

（三）提升持续保障系统弹性

美军军事基地承担人员、装备、网络和信息基础设施持续保障功能，是战场物流的战备中心和持续保障综合平台。在美军全球部署与作战的过程中，军事基地不仅能够满足其动员部队、保障部队快速可用，支持作战指挥官的需求，还能为联合部队配置合适装备器材，提供较高质量综合环境，维持在大规模作战行动中多域机动灵活性。美军认为，需要运用智能化技术，建立更加敏捷的后勤业务流程，降低远征作战行动中的较长距离、较大作战范围风险与挑战，为作战部队提供更快速、更具弹性的保障。

四、结束语

美军现阶段多措并举大力推进智能基地建设，利用新兴技术重塑未来基地保障模式，利用5G、物联网、人工智能等技术加强库存控制、订单管理、供应和维修分析、自主仓库以及分配补给，显著提高后勤保障的响应性、准确性、灵活性和经济性，也将促进关联技术融合发展，革新未来基地保障模式。此外，智能基地将改变未来基地保障模式，5G技术和物联网已在民用"智慧城市"得到充分验证。利用物联网来构建国防安全、健康管理、仓储管理、后勤保障与军事基地管理等场景，利用"智慧城市"概念建设"智能基地"也将作为军事设施保障的重要转型方式。

（军事科学院系统工程研究院后勤科学与技术研究所

孙燕侠　李峰　权欣宇）

美军印太海上运输投送能力发展研究

目前,美军将60%的海军舰艇、55%的陆军部队、67%的舰载陆战队、60%的海外空军,共37万兵力部署在印太地区,其中日韩配置前沿兵力,关岛、夏威夷配置战备兵力,东南亚、大洋洲配置动态兵力,本土、外战区配置支援兵力。海上运输投送能力是美军在印太地区维持前沿部署、遂行全域作战的基本支撑,是美军近年优先发展、大力建设的重点。

一、美军印太海上运输投送主要任务

美军印太海上运输投送方向、区域保障特点突出,日本方向主要承担海上力量集结发运、驻日美军作战物资储备供应、战区海运指挥与航线管理等任务,韩国方向承担装备物资近海预置、驻韩美军补给供应、援韩装备接收转运等任务,琉球方向承担作战物资储备、后勤物资补给、海上摆渡运输等任务,东海方向承担舰队海上运补、超地平线突击登陆、两栖抢滩登陆等任务,南海方向承担坐滩夺岛、舰队补给等任务,东南亚方向承担支点补给、东道国保障等任务,关岛及迭戈加西亚方向承担海上预置、区域海运指挥、靠泊补给等任务，夏威夷方向承担战略海运中继、舰艇补给等任务，美国本土方向承担海上投送准备、批量装备物资洲际投送等任务。

二、美军印太海上运输投送能力现状

美军针对印太作战场景和多域作战样式，采用点位部署、区域保障、战略支援等方式，灵活运用建制、商业、盟国等投送资源，达成战略投送、战区部署和前沿机动目的，海上运输投送能力主要通过海上投送、海上预置、舰队补给等形式体现。

（一）海上投送

朝鲜半岛方向，可在14天内从本土向韩国近海投送1个整建制陆军旅，30天内支援投送1个重装师或空中突击师，75天内支援投送1个军，2~5天内从日本、关岛支援投送1~3个海军陆战队远征旅；日本方向，可在6天内从本土向横须贺、佐世保支援投送1~3个航母战斗群，1~4天内从琉球、关岛支援投送1~2个陆战队远征旅；琉球方向，可在96小时内从邻近岛屿向夺控岛礁分布式部署1个营规模的登陆部队或多域特战部队；东海方向，可在40小时内从横须贺、佐世保投送1个航母战斗群或两栖戒备群，3~4天内从关岛或10天内从迭戈西亚支援投送1个陆战队旅、2个陆军装甲营，8~15天内从韩国或美国本土支援投送1个陆军师；南海方向，夺岛场景下可在72小时内从新加坡、菲律宾向目标岛礁投送1个连规模的兵力包以及可供消耗1周的作战补给。

（二）海上预置

美军在太平洋关岛、塞班岛、韩国近海以及印度洋迭戈西亚常态配置22艘海上预置船，可在3～7天内机动至西太前沿，为作战部队提供装备物资保障，其中：陆军海上预置依托5艘大型中速滚装船，共预置2个装甲营和2个机步营的装备、旅关键物资装备、港口开设装备，以及可支撑军级部队消耗30天的作战及生活补给；海军、海军陆战队海上预置依托15艘大型船舶，其中9艘预置2个陆战队远征旅（每个旅8000人）的主战坦克、两栖突击车、火炮、轮式车辆等携运行装备，1艘预置机动工程建设营工具包、舰队医院设备包、远征机场开设工具包、指挥部保障设备包，2艘保障预置船的卸载转运，1艘前置执行多样化任务，2艘用于由海向岸输送油料，预置物资总量可支撑1个陆战队远征旅持续作战60天或2个陆战队远征旅持续作战30天；空军海上预置依托2艘滚装集装箱船，预置弹药保障西太平洋空中作战。

（三）舰队补给

美军在印太常态部署第3、第7两支编号舰队，能够同时部署2个航母打击群以及2个两栖戒备群到达事发地点，并视事态发展派遣3个航母打击群和3个两栖戒备群到达支援。以航母战斗群为例，航空燃油、舰用燃油、弹药的出动携行量分别为9000吨、4.2万吨、3000吨，战时日均消耗量分别为960～1440吨、2200吨、600～1000吨，高强度作战消耗翻倍，且美军规定战时油弹储量不得低于50%～80%，按此测算平均每2～3天需一次补给。目前，美军在印太部署大型舰队补给舰19艘，其中油料补给舰9艘、干货弹药补给舰10艘，约占印太水面舰艇数量10%，与印太航母打击群、两栖戒备群、水面打击群等战术打击群的数量比约为1:1，战时通常采用"1艘油料补给舰+1艘干货弹药补给舰"配对编组方式为战斗群提供伴随补给，补给时间比港口靠泊补给方式缩短1/3～1/2，可使航母战斗群从美国本土至西太前沿的到达时间从10～15天缩短至8～10天。

三、美军印太海上运输投送能力建设特点

美军历次海外战争90%以上的装备物资通过海运部署，海运规模、装备性能、配套设施、演训组织等方面均处于全球领先地位。2018年后，美军认为其在印太方向的部署优势受到挑战，指出未来一段时间将优先发展战略海运和前沿预置，强化盟友及商业合作关系，确保满足多域作战海上运输投送需求。

（一）海运装备整建制、集装化投送能力强

美军重视发展大型运输船以及集装化运输，以此提高模块化部队的整建制投送水平。重型旅所需运力折合1.06艘建制集装箱船、0.94艘国防后备船或0.99艘商业滚装船，斯特赖克旅所需运力折合0.79艘建制集装箱船、0.82艘国防后备船或0.86艘商业滚装船，持续保障旅所需运力折合1.74艘建制集装箱船、1.97艘国防后备船或2.07艘商业滚装船。陆军各型旅的海运集装率达41%~89%，步兵旅83.38%的装备及携运行物资可装入89个20英尺标准集装箱和821个40英尺框架集装箱。

（二）后备海运力量梯次配置、衔接有序

美军在国内保有3支后备船队，总吨位500万吨，约为建制运力3倍，全体出动可在75天内从本土向印太投送3~4个军。国防后备船队由89艘退役运输船组成，平时封存在本土港口，接令后4~20天集结完毕；海事安全项目船队由60艘大型商业运输船组成，接令后14~45天全部投入军事运输，同时提供2400名船员；协议支援船队由340余艘签署动员协议的商业运输船组成，接令后7~45天按启用等级投入不同比例的运力（三级启用至少提供50%运力）。

(三) 预置规模满足前沿、迅即作战需要

美军通过预置将印太地区的兵力集结时间从几个月缩短至数天，注重发挥海上预置机动、灵活等优势，从 1990 年开始建造大型预置船。目前 20 余艘海上预置船全部部署在印太地区，且数量呈增长趋势。预置装备中，滚装预置船搭载 106 辆履带式装备及 900 辆轮式车辆，可装备 1 个旅级特遣队；油料预置船日均泵油 640 万升，可同时满足 5 个火力旅消耗需要；集装预置船搭载 500～700 个弹药集装箱，可供装甲旅消耗 10～15 天。

(四) 舰队补给装备适应性强、效率高

美军骨干舰队补给装备的 2/3 配置在印太，"供应"级快速战斗支援舰能在 6 级海况下同时为 4 艘战舰实施补给，携行物资可供航母战斗群续航 1 万海里，独立作战 10～15 天，作战潜力提高 50%～100%；"刘易斯·克拉克"级、"亨利·凯瑟"级补给舰满载排水量超过 4 万吨，设有横向、纵向和垂直补给站，既可结队为航母战斗群提供伴随补给，也可为"供应"级实施接力补给；下一代补给舰预计单次干货补给能力提高 5 倍、时间缩短 50%，液货补给距离增加 1 倍。

(五) 物资储供设施点线结合、保障有力

美军印太海上运输投送物资储供设施 90 余处，呈"两点两线"（指迭戈加西亚、关岛/塞班岛和第一、第三岛链沿线），总储量可供 1～3 个月作战消耗。西太前沿，阿普拉基地储油 13.74 万吨，驻第 3 海上预置中队；横须贺储油 30 万吨、海军弹药 2 万吨，驻第 7 舰队补给中心；佐世保储油 82.4 万吨、海军弹药 8 万吨；冲绳储油 18 万吨，月均供应舰船油料 50 万加仑。此外，新加坡樟宜、泰国林查班等港口均可为美军提供靠泊补给。

(六) 维修枢纽辐射、区域保障特点突出

美军依托军事海运司令部下设的 5 个区域司令部在全球设置 6 处海运装

备维修中心，其中印太地区 4 处，分别位于日本、关岛、新加坡和圣迭戈。西太平洋前沿地区，日本横滨及横须贺修船厂均下设海军修配所，年修船能力达 300 余艘，可为作战舰艇及海运船舶提供大修或翻修；关岛阿加尼亚舰船维修中心占地 1400 亩，担负印太往来海运船舶的维修保养任务；新加坡森巴旺修船厂建有多座船坞，最大船坞入坞能力为 40 万吨，主要负责各类后勤补给船的维修保养。

此外，美军持续巩固与印太国家的同盟关系，与日本、韩国、泰国、菲律宾、新加坡、马来西亚、澳大利亚等十几个国家签订战时进入与保障协议，出台"太平洋威慑计划"援建远征港口、物资仓库等投送保障设施，拉拢印太军事盟国及北约盟友在印太地区开展联合进入、海上机动演习，不断提高作战协同和装备互操作水平。

（陆军军事交通学院军事交通运输研究所　张孝宝　李心宇）

美国海军无人化技术发展现状与趋势

无人化技术与定向能、高超声速、人工智能以及网络技术一样，将在未来几年对国家安全和战争规则产生颠覆性影响。美国海军和海军陆战队持续研发无人化技术，试验和验证各种类型的无人系统，并已将其中一些较为可行的无人化技术纳入采购计划，通过降低运行风险和成本来加强海上力量。2021 年，美国海军进一步加大了无人技术的研发力度，持续推进大型无人水面艇（LUSV）和超大型无人潜航器"虎鲸"（Orca）等多个项目的技术研发。其海上作战理念正在向海上有人/无人舰队协同运用转变。

一、美国海军发展无人化技术的目的

（一）适应新的作战概念

为有效应对强大对手的"反介入/区域拒止"能力，美国海军提出"分布式海上作战"（DMO）顶层作战概念。海军兵力结构正在按照"分布式海上作战"概念的要求调整为分布式海上舰队。无人化技术和海上物联网技术的进步，有助于分布式作战概念的实现；与有人系统相比，无人系统的设计无须在舰船上提供操作人员所需的空间和保障装备,具有较低的研发和采购成本,有助于降低分布式海上舰队的装备成本,形成较为廉价的网络化作战力量,因而无人化技术是实现新作战概念的关键赋能器。美国海军在 2020 财年和 2021 财年预算中,已将大型无人水面艇和中型无人水面艇视为实施"分布式海上作战"的关键要素。

(二)提升深远海作战能力

海上无人系统技术可以配备传感器、武器或其他有效载荷,并可以远程自主或半自主操作,特别适用于长时间的任务,减少远海行动可能对舰员身体耐力造成的负担,或是伤亡和被俘的风险。无人系统多使用安静的电池和推进电机作为动力,反射信号小,容易在海洋背景噪声中隐匿踪迹,运用人工智能和大数据等先进技术,可实现对复杂深海环境变化的感知和识别能力以及自主作战能力。无人潜航器技术的研发与应用将建立起更为多元的深海立体攻防体系,推动海域作战向更加广阔的作战空间发展。

(三)革新远征后勤保障

美国海军设想未来海域作战需要后勤部队具有远征后勤保障能力。为在广域空间机动作战的海上和远征部队提供高强度后勤保障,需要发展小型、灵活、机动的后勤保障装备。无人水面舰艇和无人驾驶航空系统技术将能够解决远征任务后勤关键挑战,提升海军和海军陆战队的效能与灵活性。美军认为,运用无人系统技术执行持续保障任务可能会改变远征突击部队的行动规则。除了可减少作战人员所遭遇的风险之外,还可以解放有人作战平台执行其他任务;此外,无人补给系统可以建立连续的、预编程的后勤补给过程,减少指挥官的管理负担。美国海军已在近几年的军事演习中使用小型自主无人船运送补给品,验证了无人系统后勤保障概念的有效性。

二、美国海军无人化技术发展现状

(一) 制定无人化发展战略方向

为应对"反介入/区域拒止"环境下的海域挑战,美军近年来出台多个计划文件,指导海军和海军陆战队无人系统未来发展方向。2018年3月,海军制订完成了《海军部无人系统战略路线图》,明确海军和海军陆战队将寻求实现无缝集成的有人/无人未来部队。2021年3月16日,美国海军和海军陆战队共同发布《无人化作战框架》,表示要"追求利用敏捷和积极的方法将无人系统与海军未来部队所需核心技术进行整合",重点投资"网络、控制系统、基础设施、结构、人工智能和数据"技术,提出"使无人系统成为海军力量结构中可靠和可持续的一部分,通过快速集成,提供致命的、可生存的和可扩展的效果,支持未来海上任务"的愿景,将开发和获取各种类型的无人系统,并将其纳入海军的作战行动,以构筑未来海上优势。这一新的无人化作战计划表明,美国海军和海军陆战队将通过建立基于无人化的能力,在未来战场建立竞争优势。

(二) 组建无人化技术研发测试机构

美国海军2017年建立了无人水下潜航器第1中队(UUVRON 1),成为第一个水下无人潜艇战斗群,旨在向开发者提供水下无人化技术试验验证快速反馈;2018年,第24空中测试与评估中队(UX-24)投入运行,任务是为所有无人飞行系统的研发测试与评估提供操作、维护、安全监督和设施支持;太平洋舰队于2019年5月组建了无人水面舰艇发展第1中队(SURFDEVRON 1),又称"冲浪者"中队,主要用于进行新型有人舰艇与无人水面舰艇的协同作战测试,其中一个主要计划就是将无人水面舰艇与

"祖姆瓦尔特"级驱逐舰混编运用；此外，海军还建立了快速自主集成实验室（RAIL），测试和集成自主软件到现有无人驾驶船舶上，以便以较低的开发成本使用最新技术。

（三）发展系列化海域无人化技术

美国海军正在重点发展支持传感、通信、后勤和远程精确火力的有人和无人技术，并通过建模与仿真、作战模拟与试验，不断完善未来能力需求，建设具有体系化作战能力的大型、中型、小型和超小型水面无人系统，以及超大型、大型、中型和小型水下无人系统。目前，海军的重心主要放在研发采购大型、中型海上无人系统技术以及超大型水下无人系统技术，2021年申请了5.799亿美元的技术研发资金。中型海上无人船（MUSV）技术主要提升其作为无人传感器平台的海域态势感知能力；大型海上无人船（LUSV）技术主要增强其作为高续航力的武器弹药平台的进攻、打击和反水面作战能力；超大型无人水下潜艇技术主要实现其容纳各种有效载荷的能力，以遂行更为复杂的作战任务。小型无人船技术主要利用其轻巧灵活的特点拓展传感、通信甚至救援等能力。2021年，美国海军陆战队在德国举行的"波罗的海行动"（BALTOPS）演习中评估了用于人员救援的创新性无人化水上技术。该技术由美国海军通过"小企业创新研究（SBIR）计划"投资研发的无人化紧急综合救生索具（EMILY USV）衍生而来，现已形成集成人员救援、物资运输和水下探测的系统化平台。其中，无人化紧急综合救生索具是一种坚固耐用的无人化轻型漂浮装置，可从岸上或飞机上遥控快速部署，质量仅为25磅，可以22英里/小时的速度行驶，遇险人员可以抓住它的系绳并被带到安全地带；Adapt无人机可以为遇险人员携带水、食品和药品等轻型载荷。

（四）实现弹性和敏捷性后勤保障

美国海军和海军陆战队研发了一系列的后勤无人化技术，提升海上的物资自动配送能力。这类投送无人机是美国海军和海军陆战队后勤现代化工作的重要组成部分，以支持"分布式海上作战"和"远征前进基地作战"。2021年2月21日，美国海军成功完成了"蓝水"无人机系统向航空母舰进行自主海上补给的测试，将"轻型保障装备"运抵"杰拉尔·R·福特"号航空母舰上。测试用无人机经定制改装，使用折叠翼、油电混合动力、无线电自动监视系统、人工智能驱动等技术，并增加了内外部货舱容量，最大航程达到804千米，有效载荷提升到约13.6千克。此次测试评估了无人机向水面舰艇和潜艇运送货物的能力，验证了使用无人机开展"舰-舰""舰-岸"远程海上运输的可行性。2021年6月4日，美国海军又实施了MQ-25"黄貂鱼"无人加油机的演示验证活动，首次使用该机为F/A-18"超级大黄蜂"战斗机加油。飞行测试历时4个多小时，测试不同方式接近F/A-18，随后协同进行编队飞行评估、唤醒、锥套追踪等测试，最后完成对接加油，共加注燃料147千克，此次试验验证了无人加油机概念的有效性。

三、美国海军无人化技术发展趋势

当前，按照《海军部无人系统战略路线图》的规划，美国海军正在进行舰队改革，发展无人化技术，把有人与无人作战部队整合到海军各种军事行动中。

（一）推进无人化技术应用落地

为了向分布式作战舰队的体系结构转型，美国海军未来将持续推进无人化技术在舰队中的应用，将按比例减少有人的大型水面战舰、增加有人的小型水面战舰，大量增加大型无人舰艇的数量。根据美国海军2020年12月发布的《向国会提交的海军舰艇长期建造计划》的意向方案，至2026年将新建造4艘大型无人水面舰艇、1艘中型无人水面舰艇以及4艘超大型水下无人潜航器；到2045财年，无人水面舰艇数量将达到119艘，无人水下潜航器数量将达到24艘，其中包括中型的濒海作战空间自主水下机器人、大型的"蛇头"水下无人潜航器、超大型的"虎鲸"水下无人潜航器。通过持续的技术开发与验证，美国海军将把无人系统集成到分布式海上作战以及竞争环境中的近海作战（LOCE）等作战概念中。

（二）探索海上有人无人协作能力

人机协作技术是美国国防部无人系统集成路线图强调的四大重要技术领域之一。美国海军已为人机协作行动中的无人系统指定了空中加油、情报侦察与监视（ISR）以及后勤补给等任务，将运用高价值的有人驾驶平台与价格低廉的无人系统进行优化组合，提升在复杂海域执行任务的效能。未来，美国海军将把无人化能力集成到全域作战力量中，以推动海军人机协同作战编队的发展。按照美国海军设想，由无人作战系统组成的无人舰队将主要协助海军完成高危险的作战任务，特别是通过与"宙斯盾"作战系统以及其他传感器相结合，提升有人系统与无人系统的协同作战能力。在后勤领域，无人化加油技术与有人驾驶作战飞机的协同，将扩展美军航母机群的作战半径，将战斗机从伙伴加油任务中解脱出来，成为未来智能化战争海上加油保障的主力。

（三）利用国际战略合作分享技术创新

美国海军强调未来盟国间加强战略合作的重要，认为应当共享无人系统技术，才能在与对手的冲突和竞争中获得优势。2018年，美国牵头与北约17个国家签署了"海上无人系统倡议"，承诺加强伙伴关系以实现无人系统领域的技术合作。未来，美国将与这些盟国增强常规部队和无人舰艇之间的互操作性作战试验，开发新的战术、技术和程序，以最大限度发挥新技术的潜力；使用安全数字通信标准和通用指挥控制接口协议，以实现共享态势感知；发展多国安全补给链，在全球建立联合作战维护与维修能力等。

四、结束语

无人系统作为可能改变未来战争规则的颠覆性技术，已经成为美军的研究热点。美国海军除大力研发先进无人装备技术外，正在试图从实战演习中吸取经验教训。在2021年4月美国太平洋舰队举行的"舰队战斗问题"演习中，美国海军整合了多种无人作战能力及其增强系统，为进一步推动其无人系统发展提供更多信息。多种举措表现出美军试图通过海上力量广泛运用无人系统，改变"大国竞争"态势下的海上战争形态。未来的战争将趋向全域多维、联合一体、精确指挥控制、智能感知的无人作战样式。可以预见，未来美军海上作战将会有越来越多的无人系统在海军舰队中扮演至关重要的角色，扩大其情报侦察优势和攻击能力，并为未来分布式作战部队提供额外的后勤保障手段，进而赋予美国海军和海军陆战队更强大的海上优势。

（军事科学院系统工程研究院后勤科学与技术研究所　孙燕侠）

美国陆军应用人工智能技术破解"多域作战"保障难题

"多域作战"概念是美军联合作战指导思想的重大变化,代表着美国陆军对未来战争场景设计的最新观点,突出多种作战域能力的联合互补运用。陆军希望通过这一概念从战争理论高度对未来战争进行剖析,明确陆军的地位和作用,以更有针对性地指导作战和保障体系的发展建设。

一、"多域作战"保障需求

美军认为,多域作战保障是一项艰巨的任务,多域作战的复杂环境将加重部队保障负担,并使保障行动面临更大挑战。为了在全世界不同地点、不同环境执行全域作战任务,作战部队必须更具生存力、维持力更强,更加可靠。

一是争取保障决策优势。未来的多域作战将是以高速、敏捷、联合为特点的作战,不同的作战域彼此相互关联,某一作战域的行动会同时影响其他作战域,保障行动的指挥与控制也将变得更为复杂困难。多域作战条件下，战场保障态势感知数据来源广、种类多、数量大、更新快，已经成为作战和保障不可缺少的重要因素，为获取保障优势，必须通过大数据、人工智能、物联网等技术应用，提高保障信息分析、处理和应用能力，科学预测保障需求、规划保障方案、监控保障过程，提高保障效率。

二是突出精确保障。将保障重点从静态、稳定的作战环境，转变到分散、快节奏、混乱和高致命的大规模作战行动上来，确保部队能够在全领域对抗性地进行作战。未来的保障节点存在于多个领域内，必须综合运用联合保障能力，在正确的地点和正确的时间，使用正确数量的物资，对作战人员实施精准保障。

三是保证供应链稳定持续。多域作战行动是敌对双方体系与体系之间的对抗，同时这些作战系统是开放、动态和自适应性的。取得战场优势的先决条件是物资保障和行动时间。要想保持战场优势必须要求拥有比敌人更稳定的物资保障和更庞大的物资规模，同时要有充裕的行动时间和可实现自我维持的条件。

四是注重分散式、远距离保障。在多域作战行动中，旅战斗队将使用更小规模、更加分散的模块化部队在更大范围进行作战。战场后勤保障将因敌人的阻断而脆弱不堪，需要以一种机动的、分散的状态实施后勤保障行动；考虑到部队与后勤保障物资更加分散，意味着后勤人员将需要跨越更长距离提供及时的后勤保障。

二、人工智能技术应用

"多域作战"面向的是美国在未来冲突中可能遇到的问题，并致力于寻求解决这些问题的能力。美军认为，人工智能技术未来将显著改变美国陆军在多域作战中的保障方式。2021年8月13日，美国《防务新闻》周刊网站报道，美国陆军未来司令部研究确定了未来五年人工智能技术的研发需求，主要包括11个研究领域，重点是数据分析、自主系统、安全和决策支持。

（一）利用人工智能技术确保获取保障决策优势

多域作战保障与先前的保障相比，所获取的数据要多出好几个数量级，而当前美国陆军还无法将这些数据及时转化为可用的信息。人工智能技术能够将最相关、最及时的数据传递给需要的人员，帮助作战和保障人员更有效地决策与行动。利用人工智能实时分析收集和共享数据，确保"正确的数据传达到正确的部队"，提供有效态势感知和决策支持，实现多域作战和保障的跨域协同。

为保持优势地位，美军必须具备同时跨越不同作战域实施作战和保障行动的能力。利用人工智能、机器学习和自主系统等先进技术，通过对战场态势数据的感知、获取和分析，将大规模态势数据转化成可操作的知识，以易于理解和可视化的方式进行传递，构建起连接所有作战域，接收和传递任务所需数据的网络，从而创造一种通用保障态势图。从不同层面规范数据、共享数据并加强数据建设，解决目前各类数据分散在多种信息平台、采用不同格式及存在大量冗余、错误和差异的问题，从而快速生成保障方案，进而实现和维持多域作战和保障行动指挥控制的优势，实现整体聚优、互补增效的体系作战和保障效果。

（二）利用人工智能技术解决战术级部队机动和生存能力问题

自主驾驶设备可以使有人驾驶车辆具备领航能力，能够遥控一队无人车跟随其行进。该能力使指挥官能够更为灵活地指挥士兵执行任务，以及保障运输车队的行动。这种技术以人工智能为基础，能够提高车辆成员的态势感知能力，同时减少车辆碰撞和驾驶员疲劳情况，从而有望提高士兵的安全性和战场生存能力，减少车辆事故，降低伤亡和物资损失，并使指挥官更好地把握作战时机。

当前，美国陆军保障人员正在研究运用地面、空中和水上的自主或半自主平台来进行自主补给和运输。美国奥什科什防务公司与美国陆军作战能力发展司令部地面车辆系统中心以及洛克希德·马丁公司、机器人研究公司、DCS公司合作开展"自主地面补给"和"灵活领航–跟随"项目，开发可用于运输车队的"领航–跟随"概念。研制了"线控主动安全装置"，它是"领航–跟随"系统的电子接口，同时集成了先进的辅助驾驶系统、电子稳定控制及碰撞环节制动等技术，能提升驾驶人员的感知和控制能力，在面对各种天气、地形条件时，有更多的响应时间全面保证人员安全，提高任务完成能力。

（三）利用人工智能技术改善供应链管理

在以大国为对手的多域作战中，美国陆军将面临供应链无法达到前线和缺少战术层面燃料分配能力的问题，并有可能因此丧失作战能力。美国陆军保障人员正在研究运用人工智能技术在补给链管理中的应用场景，力图填补这一能力空缺。这些应用场景包括设定库存安全水平、运输网络设计、采购与补给管理以及需求规划与预测。解决这些能力缺口的一个备选技术解决方案是开发认知技术。该技术能够从报告、社交媒体、新闻、天气预报和历史数据等来源收集数据并进行分析，从而跟踪和预测可能发生燃油供应中断的情况。

未来保障人员还将利用人工智能技术，在作战前根据补给申请模式或供应调查来预测作战部队需求。通过机器学习或流程自动化来创建这些补给申请模式，使作战部队能够按时和提前获得补给物资。目前，美国陆军全球作战保障系统内置的算法可以完成自动监测、预测、审计和管理未来申请,并能完成部队和供应商之间的合同程序。美军正在完善这一功能,之后,根据作战部队的反馈对这些算法进行不断改进或嵌入新的软件,使系统具备更强的对战场保障状况的感知能力,包括补给物资的位置、去向、消耗模式、预期的补给率等信息,以增强系统的预测管理水平。

(四) 利用人工智能技术改进装备维修

维修仍将是多域作战战备的基石,面对多域作战保障需求,对装备实行基于状态的维修(CBM),能使装备既不过度维修,也不失修,达到精确维修的目标。基于状态的维修能够实时监控装备状态,减少不必要的维修作业,降低装备维修费用,缩短装备停机时间,提高装备的可靠性、可用性和安全性,避免出现重大故障。

人工智能技术可以改进武器装备的预测维修。指挥官使用"基于状态的维修+"系统,针对其训练和作战周期来规划维修作业,以提高装备可靠性并降低成本。"基于状态的维修+"系统能够利用人工智能技术实时预测部件故障,并准确记录所需的和计划外的维修,从而延长美国陆军武器装备的服役寿命,并降低其在作战过程中对维修作业的需求。利用人工智能技术分析武器装备上装载的大量传感器输出的实时数据流,可确定装备的健康状况,从而指导维修决策,以改善装备的战备水平。

美国陆军在 2020 年第 2 批小企业创新研究计划中就发布了"利用人工智能优化导弹保障分析"的项目,目的是开发新的方法,利用人工智能、机器学习和实时计算智能,对现有和未来陆军导弹系统的保障仿真与预测进行优化。人工智能技术将协助陆军优化针对导弹系统的备件策略、成本、供应链地点、维修人员分配、维修等级、维修时间安排等保障选项,确定导弹平台寿命周期指标,如人工智能优化的装备可用性、作战可用性、备件、成本、维修工时等。另外，在提升维修物资管理能力方面，利用人工智能技术，可以通过分析作战数据来为战场上部署的增材制造设备提供支持，制造塑料和其他耐用材料零件，这种技术能降低备件分发和替换的需求，提高部队战备水平，改进装备研发工作，从而提升美国陆军武器系统在多域战场上的性能。

（五）规避人工智能技术应用的风险

为将人工智能技术更好地应用于作战和保障，美军提出了风险提示。

一是给出了通用清晰的定义。为了将人工智能技术具体应用于作战，美国陆军提出了人工智能技术的一个通用定义，以区别于机器人技术、自主系统、机器学习等相关概念。人工智能大概可以定义为机器展现出的智能，由能够完成独立行动的多个可扩展技术-认知系统组成。人工智能与商业智能密切相关，商业智能是一套能够将数据处理为有用信息的技术和工具。人工智能技术领域的研究方向主要包括：通过视觉、声纳、激光雷达和触觉等形式实现自动感知；可操纵机器人动作；提高规划、以目标为导向的行为、推测等深度推理能力；具有语言、演讲、对话和社交网络语言技术；具有存储处理分析和推断等大数据技术；以及适应、反思和知识获取等机器学习技术。

二是分析现实风险。数据是人工智能发挥效能的基础，其应用效益是明显的，但也存在一些风险。首先是海量数据增长带来的问题。早些时候人们会因数量不足而烦恼，而今却因数据的海量增长而不知所措，因为许多数据都是不相关、无意义甚至是错误的。其次是数据质量问题。数据的准确性对相关项目的顺利推进至关重要。"数据的质量、覆盖面将决定所有项目的成败。"当前面临的数据质量问题主要有两个方面：一方面是工作人员提供的部分数据存在一定偏差;另一方面是外部用户和供应商提供的数据不够准确、要素不够齐全、格式不够统一,给后期数据分析带来一定困难。

三是关注管理问题。人工智能技术与传统信息技术的管理存在很大不同,如果不对人工智能开展的活动进行详细记录,很可能会产生法律及道德问题。为此,人工智能技术应用需要重点考虑三个方面的问题:第一,在有对抗环境下,系统所依赖的数据是否可用;第二,如果有不完整或部分不准确的数据,人工智能系统能否为决策提供合理的帮助;第三,人工智能系统设计,能否预测和识别数据中的欺骗成分。

三、几点思考

人工智能作为一种新兴的颠覆性技术受到了世界各国的高度关注,产生的影响也是革命性的。随着其逐渐成熟,其在军事上的应用前景也趋于明朗,在后勤保障领域的应用不断拓展,为解决未来作战后勤保障问题提供了技术支撑。

一是明晰技术内涵,增强应用的针对性。人工智能技术是一项前沿性交叉科学,代表着科研创新的重要研究方向。但人们对人工智能技术概念有多种不同的阐述方式,既区别于商业智能,又区别于机器人技术,同时也不能脱离人类智能。为增强后勤应用的针对性,必须明确人工智能技术的概念内涵、主要研究方向和应用范畴。

二是探索拓展领域,提高应用效果。人工智能技术是实现后勤保障智能化、信息化的关键技术,在保障决策、维修、供应链构建等方面已经有了一定程度的应用。针对未来保障需求,其重点应用在于提升体系保障优势，发挥其连接力、计算力、认知力特长，注重有人无人协调，形成后勤保障信息网、感知链和态势图，将决策优势尽快转化为保障行动优势，确保作战行动成功。

三是规避运用风险，确保应用安全。技术创新是后勤保障能力提升的关键推动，但任何技术都不是全能的，缺陷和不足在所难免。人工智能技术同样如此，为避免运用风险需要认识其局限性，不能过于强调机器智能的作用，确保网络安全，特别是对于人工智能效用发挥的基础——数据的完整、准确、可靠也要高度关注，同时还要警惕法律、道德风险。

（陆军研究院特种勤务研究所　刘占岭　高润东）

美军小型核反应堆项目研发进展分析

美军自2019年开始实施军用小型核反应堆项目"贝利"计划，该项目作为美军核能技术典型代表，开展至今进程顺利、效果显著，项目的规划设计、开发研制、实践应用充分反映了美军发展关键能源技术的先进理念和做法。

一、项目背景

"贝利"计划的主要目标是利用最先进的技术，在5年内设计、建造和示范应用一座具有内在固有安全性，可持续供能的移动式、模块化小型核反应堆原型堆——第四代核反应堆，可为美军前进、本土偏远、海外基地等固定场所及太空装备、激光武器等提供可靠而有弹性的电力，同时将核不扩散、人员安全和环境破坏风险降至最低。美军制定和实施"贝利"计划的背景和动因如下：

一是美国将核能利用作为保证国家安全的重要因素。近两年来，美国政府高度重视核能发展，国会于2018—2019年连续批准《核能创新能力法案》《核能创新和现代化法案》《核能领导法案》，能源部于 2020—2021 年连续发布《重塑美国核能竞争优势：确保美国国家安全战略》《核能战略远景》报告。通过一系列战略规划，美国在审时度势中确定了以核促安全的思路，在全国掀起核能利用热潮，为美国拥有与国家核战略相匹配的核能力、巩固提升在全球核能领域的领先地位创造了优越条件，做好了顶层设计。

二是美军将核能军事应用作为加强能源保障的优先选项。美国国防科学委员会在 2016 研究报告中提出，鉴于核能"可能是唯一满足美军未来几十年巨大需求量和降低保障风险的能源，美军应大力发展小型核能反应堆"。2018 年，陆军提出将发展地面核反应堆的计划，美国核能研究所发布《美国国防部小型核堆国内部署路线图》（图 1）；2020 年 4 月，国防部发布《核威慑：美国国防的基础和后盾》报告；2021 年 1 月，总统发布行政令，要求加速开发国防和太空探索的小型核堆。通过上述一系列政策推动，美军在小型核堆军事应用上迈出重大步伐，发展核能成为美军加强能源保障、提高能源安全水平的首要选项。

三是核堆技术发展突破推动军事应用。为实现上述目标，美国军地两界都投入大量人力和财力，积极发展小型核反应堆技术。2019 年，能源部在爱达荷国家实验室成立国家反应堆创新中心，开展新概念先进反应堆设计研发测试等；2020 年，启动"先进反应堆示范计划"，提供 1.6 亿美元拟建 2 个先进示范反应堆，5～7 年内投入使用；开发出三结构各向同性（TRISO）包覆颗粒燃料，成为领域内的变革性技术突破，为美军谋核研核用核打下了坚实基础。

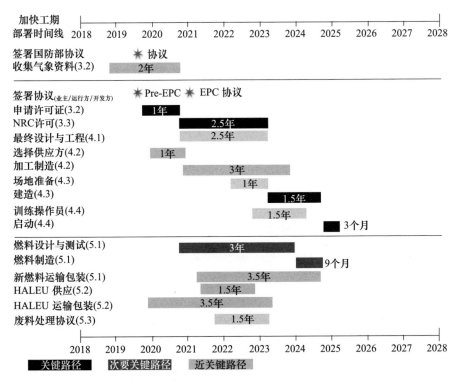

图 1　美国国防部小型核堆国内部署路线图

二、项目进程

（一）基本进展情况

2019 年 1 月，美国国防部战略能力办公室发布移动式小型核反应堆项目信息征询书，启动"贝利"计划。参与该项目的政府部门和工业伙伴有能源部、核能管理委员会、陆军工程兵团、国家航空航天局、核安全局及主要军工企业。项目主要分为两个阶段：第一阶段是设计阶段，为期约 24 个月，致力于新式小堆原型设计，阶段结束时进行非竞争性选拔；第二阶段是建设阶段，为期约 24 个月，按照设计方案建造新式小堆原型堆并进行演示。

2020年3月，国防部授予BWXT先进技术公司、西屋公司和X能源公司总价值3970万美元原型堆设计合同，开始为期2年的工程设计研发。8月，"贝利"计划被列入与月球火星有关项目，为美国载人登月或登陆火星提供能源支持。2021年1月，时任美国总统特朗普发布行政令制定"开发技术路线图"，加速整合太空探索和陆地战场用高机动性核反应堆的开发。2021年3月，BWXT先进技术公司和X能源公司分别获得2790万美元和2870万美元合同。9月，战略能力办公室开始为期45天的环境影响草案公众意见征询期。2022年初，计划进行最终设计审查，选择其中一家进行原型堆建造与演示，预计2023年底将对原型堆进行全功率测试，2024年进行户外移动测试。

（二）性能要求与关键技术

推行安全、机动和实用的性能要求。2019年采购征询书明确提出未来小型移动式核反应堆的性能特点（表1），为项目研制提出了清晰思路。"贝利"计划首要考虑因素是安全性、机动性和实用性。小型移动核反应堆的电功率指标说明单堆运行基本能够满足大多数美军基地用电需求，也可作为新概念武器充电电源；总质量小于40吨和多种运输方式，适于美军全球快速机动部署需求；热阱指标为环境空气和无专门水源要求，表明美军强调能在各种地域条件下安装运行；72小时和小于7天指标，表明小堆应具有战时灵活机动部署、快展快收的生存能力；单次寿命长于3年和安全性指标，表明美军同样注重降低后勤风险，确保反应堆在任何事故状态下均安全停堆；使用燃料是此次"贝利"计划的关键技术之一，国防部要求的TRISO燃料是地球上最强劲的核燃料，核心由低浓缩铀和氧气的混合物组成，外层交替包有3层石墨碳化硅陶瓷层，但每粒燃料的体积比芝麻粒还小，有更高的耐高温性能和放射性物质泄漏防护功能。

表1 小型移动核反应堆性能特点要求

指标	性能/特点说明
功率	满功率运行至少3年的情况下提供1~5兆瓦的电力
质量	≤40吨，可以使用重型卡车、C-17运输机或常规舰艇携带、移动
散热能力	空气散热，减少对水等冷却剂的依赖
安全性	在遭受到攻击、地质灾害或失去动力后不会熔毁，对周边环境无辐射影响
便捷性	为实现持续快速运输和使用，从安装到正常使用时间不超过72小时；需要时可在7天内安全移除
寿命	一次性填装燃料后可连续运行3年以上
可操作性	能够全自动或半自动运行
堆型及燃料	采用三结构同向性包覆颗粒燃料的气体反应堆

多技术途径推进研究方案。2018年9月，美国洛斯阿拉莫斯国家实验室就开始建造MegaPower小型核反应堆（图2），采用热管冷却技术和非能动安全设计，以高丰度低浓铀为核燃料，可产生2兆瓦电功率；质量约35吨，反应堆放在标准容器里外部附带特殊装甲和其他防护材料，整个发电装置可运行12年，可通过公路和空中运输；预计2022年后进行原型堆演示。

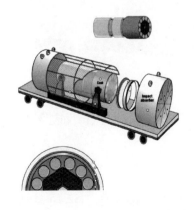

图2 MegaPower小型核反应堆

Holos 气冷式小型模块化核反应堆（图3）具有"即插即用"优点，可全天候运行；采用高温气冷堆芯，使用 TRISO 燃料，每个子组件可装载不同的易裂变和可增殖同位素，安全性强；每个芯子组件中集成模块化电源转换系统，功率可根据需要在 3～81 兆瓦间变化；燃料循环寿命为 12～20 年，通过更新功率转换组件，发电系统总寿命长达 60 年；与压水堆等四代反应堆设计方案不同，将热工液压、涡轮机械和发电组件集成并与燃料组件密封，被陆军副参谋长称为"颠覆性创新的经典范例"。X 能源公司推出的 X–battery 小型核堆设计方案，采用高温气冷球床反应堆，开发了石墨球形专利燃料三结构各向同性包覆颗粒–X，热功率 10 兆瓦级，可由公路或飞机运输；2021 年又公布了针对"贝利"计划最新方案的新型移动式小型核堆 Xe–Mobile，满足征询意见书的各项要求。

图3　Holos 小型核反应堆外观

NASA 为星际航行和月球探测专项研制的新型小型核反应堆"千瓦级核动力"（图4），具有体积小、能量强、运用灵活、安全高效可控等特点，可为行星基地提供 10 千瓦电力，解决放射性同位素衰变型动能系统无法为月球暗面或阴影坑内大型航天器提供足够动力的问题。2020年,"千瓦级核动力"通过太空环境仿真测试,已处于基本准备就绪状态。

图4　测试中的"千瓦级核动力"核反应堆

"贝利"计划自提出以来一直成果不断,项目如果全部顺利实施,将使美国占据"第四代核反应堆"技术领先地位。国防部战略能力办公室认为,第四代核发反应堆全面投产将对美国产生重大地缘政治影响,将在能源弹性和能源环保方面取得巨大进步。

(三)先进核能发电技术发展趋势

从技术层面看,未来先进核能发电技术将朝着反应堆小型化模块化、推进器体积和质量小、可快速部署与拆除、为战场提供足够能源、更强机动性和安全性等方面发展。

从军事应用层面看,军用核动力将成为军事能源的主角。随着第四代移动式小型核反应堆研制成功,可为航空母舰、潜艇、空天飞行器、地面车辆装备提供强大电力,核动力坦克、车辆、飞机都将应运而生;还将在轨道卫星、空间站、核热推进电源等方面得到应用。

小型核反应堆是一个移动式"核电站"，将为前沿部署基地、偏远地区军事行动、高功率武器平台试验使用等提供电力，美国国防部正大力投入研发和测试，2022财年预算将为"贝利"计划再拨款6000万美元，研究在本土500多个设施中使用移动式小型核反应堆的可能性，2021年10月，空军宣布将为阿拉斯加州艾尔森基地配置第一座小型核电站，用于对2027年正式运营的空军首个小型核堆的测试。

三、几点启示

一是科学评估提前谋划，瞄准新兴战略领域。美军提前瞄准具有战略作用但尚不够成熟的小型模块化核反应堆，在未来核能技术及军事应用中打开突破口，为国家和军队找到一条独辟蹊径的能源发展之路。早在计划实施的近5年前，美军就开始谋划论证，积极寻找解决办法，2016年，国防科学委员会在对美军作战基地多类型能源供应特点进行深入对比分析后，提出采用核能作为战场电力保障手段的建议，国防部迅速确定将小型核反应堆作为军用能源技术的革命性创新，从而设立"贝利"计划。

二是军民密切协同，合力推动发展。美国从总统、国会到政府机构和国防部都高度重视"贝利"计划，出台多项战略规划文件给予政策支持和方向指导，组织各部门各机构连续投入大量人财物力进行技术研发、设计制造和测试试验。美军紧紧依靠能源部、NASA和各军工企业，合力推动项目各阶段的顺利完成。这种军民一体、高度融合、各司其职的重大项目实施模式，充分凝聚起参与各方的总体力量和优势，形成强大的合力攻坚克难，是重大项目顺利实施的必由之路。

三是谨慎推进持续研究，加速成果试验验证。美军在"贝利"计划的重大技术方案设计、关键技术路线选择等重要问题上，采用两阶段方法降低技术风险，将设计合同授予三家公司背对背完成方案设计。在设计方案选择上，谨慎论证、科学评估、步步为营、优中选优。原型堆研制成功后，利用成熟转化机制和测试模式迅速进入样机测试试验阶段，将在2023—2024年对核反应堆进行全功率测试和户外移动测试。此外，美军还制定了后续计划——"贝利之子"，拟建造更先进的反应堆。美军这种组织严密、慎重考虑、深入研究、转化快速的模式值得借鉴。

（军事科学院系统工程研究院军事新能源技术研究所　林璐　王耀辉）

美军军事能源安全保障主要做法及特点探析

美国作为全球军事实力最强的国家,奉行全球作战战略,武器装备规模庞大,军队信息化、智能化程度高,决定了其能源保障面临需求量大多样、范围广泛、条件苛刻、技术要求高、基础设施存在脆弱性等风险挑战。为此,美军采取全面措施加强能源保障、提高能源安全,在长期实践中形成成熟做法。

一、美军军事能源安全保障主要做法

(一)统筹谋划制定作战能源安全战略与思路理念

美军作为世界上最大的油料消耗者之一,迫切需要为提升军事行动能力而保持大规模、稳定的能源补给。为此,美军制定若干作战能源转型战略,以应对未来能源保障挑战。

一是统筹谋划制定作战能源安全战略。秉持前瞻、务实思路,美国国防部和各军种纷纷制定能源安全战略文件。美国陆军在2009年和2010年先后发布了《陆军能源安全实施战略》和《动力与能源战略白皮书》,先从战略上提出提升能源安全的 5 大战略目标，后从具体技术路线上描述了近中远期能源动力发展重点。美国海军自 2009 年起先后发布《美国海军能源战略》《21 世纪海军能源构想》《海军能源安全与能源独立计划》《海军可再生能源战略》等规划性文件，详细勾画了海军能源转型的指导思想、目标任务和方法途径，提出了增加海军替代能源使用等 5 项能源转型目标。美国空军也先后发布了《空军能源计划备忘录》和《空军能源战略计划》，明确了空军作战能源保障的目标措施。在军种安全规划基础上，2011 年国防部颁布了《作战能源战略》，明确提出美军确保能源安全战略目标举措，清晰阐述美军作战能源发展核心思路，为美军能源安全指明方向。2012 年，国防部又出台《作战能源战略实施计划》，提出落实战略将采取的 7 项具体措施。这一系列文件有序出台、相互支撑，构建了确保美军作战能源安全的战略体系。

二是根据作战需求变化持续调整能源安全战略。美国国家安全需求的变化和作战使命任务的调整对作战能源的使用和保障方式有显著影响。美国国防部制定能源战略的最大特点是围绕国家战略和美军职能任务重点，瞄准战争形态和技术发展及时进行调整，从实践中来又不断放诸实践检验校正。因此，2016 年美国国防部发布了第二版《作战能源战略》，以反映 5 年来国家军事战略变化、军队现代化进程推进，特别是局部战争和军事行动能源保障的经验教训。在军种层面，能源安全目标思路也在及时调整：2015 年美国陆军发布了《能源安全与可持续性战略》，阐述陆军新时期能源安全需求，优化陆军能源保障根本原则，显示了陆军在能源安全建设方面的持续革新；2019 年，海军发布《动力与能源系统技术发展路线图》，提出满足海军未来武器装备动力需求的发展战略，从能源角度进一步增强海军海上竞争优势。

(二) 开拓来源实现能源独立，为军事能源供应提供坚实保障

美军把实现能源独立作为保障国家和军队能源安全的核心基础，选择了多种实现途径。

一是国家层面实现和保持能源独立。在经历两次石油危机后，美国开始更加重视"能源独立"，在全球率先发起页岩油革命，2018年美国产油量一度超过沙特，跃居全球第一。至此美国大幅摆脱对中东原油依赖，实现了国家层面的能源独立，为军事能源安全保障奠定了重要基础。

二是持续推动替代燃料军事应用渐趋成熟。美军认为，替代燃料是提高能源保障弹性的有效手段，应大力开发和部署替代燃料以及充分利用新能源，拓展能源种类范围，实现军事能源保障多样化。为此，美军针对替代燃料开展大量工作，研发出多品种替代燃料并在陆、海、空武器平台上进行测试使用，2016年美国海军实现"大绿舰队"首航。此后美军开始投资建设替代燃料生产能力，2014年《国防生产法》要求美军建设每年至少能够生产1000万加仑军用生物燃料的设施；2019—2020年，多家公司与国防部签订合同推进生物燃料精炼厂建设。

三是大力推动军事基地备用电力建设。美军固定军事设施的电力99%来自商业电网，但陆军仅2019年就经历了830次非计划停电，其中152次持续8小时或更长。为此，美国国防部为军事基地和固定设施积极发展备用电力，通过柴油发电机组、微电网、太阳能光伏阵列、储能系统、联合发电站和燃料电池等多种形式形成不间断电源。美军长期成功运行的微电网有关岛海军基地电信站、加利福尼亚州海军陆战队空中和地面作战中心等，2021年美军又新建了驻日横田空军基地、加利福尼亚州亨特利格特堡陆军训练中心、佛罗里达州廷德尔空军基地、得克萨斯州胡德堡基地微电网等多个微电网工程。这些做法极大拓展了美军军用电力种类，加强了国防部军事设施能源弹性,提升了美军能源安全水平。

(三) 保护能源通道顺畅,提升海外军事行动能源保障能力

能源通道是能源保障的必经之路,对于能源平时供应和战时保障都至关重要。为此,美军主要采取了以下做法确保能源通道安全:

一是不断加强控制全球海上战略要道。第二次世界大战后,美国凭借其战胜国政治、军事优势,努力把黑海、红海、印度洋、南中国海等敏感海域纳入其军事力量控制范围;在1986年的海上战略中又提出要控制曼德海峡、霍尔木兹海峡、马六甲海峡、苏伊士运河等世界重要海上战略通道的计划并大力实施。这些战略要道几乎都是海上石油运输线,对海上战略要道的控制为美军第二次世界大战后历次海外战争的能源保障提供了便利条件,特别是在大国博弈日益激烈的当前,美国在进一步寻求加强对海上交通要道的控制能力。

二是不断加强海外基地能源保障建设力度。第二次世界大战后,美国在亚洲、欧洲、非洲、大洋洲、拉丁美洲甚至北冰洋沿岸建立起大量海外军事基地,分别形成了太平洋和大西洋两大基地体系。这些基地发挥着为美军及其盟友提供军事能源的重要功能,特别是经过近10年的积极扩充兴起,已经足以为美军在全球任何地方的军事行动提供有效能源保障,为美军建立海外军事能源保障网络奠定了基础。

三是不断加强跨国能源采购。美国国防后勤局能源局的第一要务就是在全球作战环境下为美军作战部队提供安全可靠和高质量的能源保障。为满足这一优先事项,国防后勤局采取的一个重要方式是通过国际协议进行跨国能源采购,他们与世界多国签有长期油料交换协议,在美国和伙伴国家之间提供对等油料保障以及诸如管道使用权等。近年来,国防后勤局不断扩大全球能源保障合作区域,加强协议双方军队的油料互操作性,努力创造一个通用的能源供应链。2021年,国防后勤局在印太地区分别和印度、澳大利亚签署了长期能源保障协议,提升美军在印太地区获取能源的能力,为美军海外军事行动提供更加安全充足的能源保障。

(四)加强国家和军队能源储备,构建全球军事能源储备体系

国家和军队能源储备对于军事能源安全保障具有重要意义,美国从国家层面到军队层面都十分重视能源储备。

一是建立并保持充足适宜的油料储备。美国早在20世纪初就产生了战略石油储备的理念,国会自1912年起就陆续通过法律将国内4块有丰富油气储藏和3块有大量油页岩矿藏的地区划为"海军用油保护区",规定只许海军在战时急需时经国会批准后开采。1977年10月,美国正式建立战略石油储备,并在1991年海湾战争(3375万桶)、2005年卡特里娜飓风袭击(2080万桶)以及2011年利比亚危机时(3000万桶)都曾紧急动用战略石油储备。尽管随着美国成为全球最大产油国,美国政府宣布从2018年10月开始到2028年将战略石油储备数量从约7亿桶减少到4.1亿桶,但美国仍然会保持较大规模的战略石油储备,作为保障国内外能源需求和干预国际石油市场的强有力手段。

二是构建全球军事能源储备体系。为确保美军全球作战在获得大规模能源补给之前能够就近得到能源、支撑作战部署和行动,国防后勤局根据作战司令部要求,在全球构建了能源储备体系。2020年,美军在全球的油料储备点达到596个,储备燃料5350万桶,其中包括JAA、JP8、JP5、F76在内的商业和军用油料;此外,储备中还有各类添加剂、散装润滑油和航空涡轮燃料等。美军全球军用能源储备体系成为保障其能源安全、支撑其全球作战的重要支柱。

（五）超前布局先进技术，探索未来作战军事能源保障新途径

美军把先进技术视为推动能源保障能力提升的倍增器，十分重视投资发展创新能源保障技术，以新型能源保障方式助力新兴装备建设发展，抢占未来技术、装备和作战先机。

一是加速推动军用电池技术军事应用。美军研发的电池形式多样、种类丰富，主要包括锂离子电池、氢能燃料电池、固体氧化物燃料电池、质子交换膜燃料电池、金属空气燃料电池、太阳能电池等；使用电池的方向领域丰富，大量地面、空天、水面水下武器装备平台、无人机、单兵系统、设施部件等，都在使用各种军用电池单独或集成供电，全面形成了军用电池体系布局、方兴未艾的发展局面。

二是加速推动小型模块化核反应堆技术军事应用。在不断深入比较和反复思考下，美军将核能作为重点发展的用能形式，将其中的小型模块化核反应堆作为近年来大力推动的核能技术，以此为未来装备提供更加安全、持久的能源保障。为此，美军近两年来都加大力度，不但从顶层设计上统筹规划制定一系列核能发展战略文件，更重要的是切实采取促进举措，如国防部发布小型核堆信息征询书，设置"贝利"计划和"敏捷地月空间示范火箭"等重大工程项目，大力投入人力、财力和物力，军地联合加强研发测试、太空深海部署试用等，积极抢占了全球核能技术战略竞争优势。

三是大力探索前瞻技术寻找能源变革。美军对新兴能源技术非常热衷，通过多种机制、渠道和途径尝试技术创新。无论是空间太阳能的搜集与转化、利用微波和激光的无线电力传输，还是深海电能综合补给站、海水制油、空气捕捉转化燃料、人体动能发电等，各种全球能源技术"亮点""火花"都广泛涉及，大量高新成果转化军事应用，为未来军事能源保障积累了技术储备。

（六）加强平战时装备与能源协调建设，提高军事能源使用效率

美军高度重视武器装备与能源的协调发展共建，提高能源使用效率，达成节能目标，全面提升军事能源保障能力。

一是持续提高武器装备动力系统能源效率。美国国防部在 2015 年就提出，新武器系统在设计阶段要考虑装备能效；在 2020 年 8 月发布的 5000.85 指令中，明确将能源列为武器装备项目关键性能参数的考核指标之一。由此，能源成为美军武器系统性能的一个关键组成部分，从设计开始就要对装备油料和电力需求进行优化，全面考虑在作战样式、任务概况、持续时间以及作战环境限制下所需的能源消耗。对于已服役武器系统，美军也在持续改进其能源效率，陆军正在升级"艾布拉姆斯"战车，为"黑鹰"和"阿帕奇"直升机更换改进型涡轮发动机，海军正在为 F/A-18E/F"超级大黄蜂"改进发动机性能。通过这些动作，美军各类武器装备的能源动力系统更加强劲，在各种环境下作战能力均有提高。

二是持续提升装备使用模式方法的能源效率。近年来，美军持续对装备配置方案、使用方式进行改进，以提高装备运用中的能源效率。美国空军通过全面采集战机燃油使用数据、使用智能软件和空中加油模型等，发明了"利用空气尾流提升伴飞能效"等方案，从中发现提升油料效率的机会，大幅减少了油料消耗，延长了飞机驻留时间。海军通过能源指挥和控制软件系统，从提高作战层面能源态势感知入手，强调数据驱动的能源使用决策，提高了能源分配和使用效率效益。

三是促进单一燃料使用，显著提升军用油料标准化水平。为解决各军种装备使用不同燃料所导致的保障效率低下等问题，美军于 20 世纪 80 年代正式推出了战场单一燃料政策，将 JP8 喷气燃料确定为战场单一燃料。从 1991 年至今，战场单一燃料陆续在海湾战争、阿富汗战争、伊拉克战争、叙利亚军事行动以及海地维和等多种任务中得到了实战检验。一方面，战场单一燃料实现了跨军种的统一供应，简化了燃料供应链，显著提高了美军作战能源保障的快速反应能力；另一方面，减轻了能源运输保障负担和装备故障，加强了美军全球作战能源保障适应性，显著提高了部队战场生存能力。在美军带动下，整个北约国家也推行单一燃料，燃料互用性和互操作能力大大增强。

（七）加强作战能源推演，验证并解决作战能源保障脆弱性

为提升能源保障安全性，美军还十分重视对作战能源保障过程进行推演，通过模拟演练挖掘作战能源保障中存在的漏洞和薄弱环节，采取措施对应解决。

一是将能源要素纳入联合作战兵棋推演。美军作战部门为了真实验证军事能源保障能力，不断加大对作战能源保障方案的推演验证力度。2019年8月，美国海军陆战队太平洋部队在夏威夷史密斯营举行联合部队能源兵棋推演，由美军印太司令部主办，由海军牵头其他军种参与。推演评估了能源风险的影响程度，测试了燃料储存和分配能力，提出特定场景下的缓解措施，为后续联合定量分析提供了数据。这是美军第一次以能源为主题的联合兵棋推演，对于验证能源保障概念方案、不断提高整个印太地区能源供应链安全性具有很大作用。除印太司令部外，美国中央司令部、非洲司令部和欧洲司令部也在各自责任区内开展类似的兵棋推演活动。

二是持续推动军事设施电力系统"黑启动"演习。"黑启动"是指整个军事设施内部系统全部停电，发电设备停机、高低压输电线路完全断电，处于全"黑"状态下，不依赖别的网络帮助，通过系统中具有自启动能力的发电机组启动，带动无自启动能力的发电机组，逐渐扩大系统恢复范围，最终实现整个系统恢复运行。近年来，为了验证军事电力系统的能力和弹性，美国国防部持续开展"黑启动"演习，截至 2019 年底已经在军事基地进行了 5 次演习。其中最大的一次是 2019 年在北卡罗来纳州的布拉格堡，该陆军基地在电网切断 5 小时 30 分钟后通过"黑启动"恢复了整个供电。"黑启动"演习使美军获得了很多宝贵经验：了解了军事设施能源系统和其他系统之间的相互依赖性，为应对断电提供了关键信息并确定了解决问题的优先次序，确保了所有重要的建筑负荷在电力中断时都连接在备用电力系统上，发现了不少平时不易发现的电力供应漏洞。迄今为止进行的"黑启动"演习让国防部获得最具成本效益的解决方案，为提高任务准备水平和设施能源安全发挥了独特作用。

二、美军军事能源安全保障主要特点

为应对多样化军事能源需求带来的能源安全风险挑战，美军从战略规划、体制机制、体系布局、科学技术等方面采取多项措施，归纳起来其成功做法具有以下主要突出特点，这些角度进一步体现了美军能源安全保障的先进理念思路。

（一）高度重视通过提升军事能源保障的韧性和弹性加强能源安全

军事能源保障的韧性和弹性不仅是指军事能源保障体系日常平稳运行的能力，而且更加强调能源保障网络在遭受攻击和中断后具有多种应急手段措施、能够快速恢复运转、持续稳定保障的能力。显而易见，美军近年来非常重视军事能源保障的韧性和弹性建设，主要采取三种措施加以提升：一是通过油料分散冗余存储，降低能源保障系统被击溃风险，实现能源保障韧性和弹性；二是通过军事电力备份系统与外部电力供应渠道无缝切换，提升韧性和弹性；三是通过对能源保障管理系统进行网络加固，提高能源网络安防能力来提高韧性和弹性。

（二）高度重视通过数据驱动能源科学精确决策加强能源安全

美军近年来大力推动军事能源信息化和智能化发展，高度重视能源数据的采集、分析和决策支撑。在《作战能源战略2016》中，美军明确提出通过开展能源可保障性分析（ESA）等创新措施获得大量数据，以数据驱动决策。采集的武器装备和作战行动能源消耗量、需求量等各种能源数据，加工处理后全面汇集到中央的各级能源管理部门，被大量运用于作战行动方案制定、联合作战能源兵棋推演等多个方面，形成基于数据的燃料保障决策，不但显著提升了管理和作战部门对各类能源保障需求使用的准确了解，使决策更加科学贴近实际，而且大大加强了军事能源采购、储备、运输、发放各环节的精确性，提高了军事能源使用效率效能。

（三）通过加速能源技术升级破解瓶颈难题加强能源安全

美军十分注重以先进能源科技提升能源保障能力，以科技进步促进能源安全创新发展。在武器装备配套用能上，加速高功率密度、高能新质燃料技术升级；着眼电磁轨道炮、高能激光、微波等高能新概念武器能源配套缺失，发展瞬时功率高、储能效果好的能源动力推进模式和系统；在扩大能源来源上，加速可再生能源技术升级，推动先进技术迅速实装化应用；在野战能源防护上，加速红外隐身、消烟降温等综合性技术升级，全面提高作战能源战场生存能力。先进能源科技解决了大量制约能源安全的问题和短板，对于显著提升美军军事能源安全水平发挥了非常重要的作用。

（四）通过加强军地合作构建一体化屏障加强能源安全

美军能源建设的另一个成功经验是积极推动民用资源、投资、科技、力量等能源要素为军所用。例如：直接应用地方研究机构或公司成熟先进的能源技术或产品，通过委托研制、技术转让、采购产品等形式成为军用；

形成一批地方研究力量专门为军事能源研发服务，像西南研究院等地方科研机构和高校为美军完成了大量军事能源论证、研发和试验工作；实行能源科研项目招标制度，由军方提出研究方向或具体项目，以招标、协议等方式选择合适地方研究单位和企业公司联合研发，直接利用地方研究力量为军队服务；雇佣社会力量完成能源储存、运输、维修等相关服务，通过积极推行能源设施服务商承包程序，将能源设施承包给地方企业或个人，降低了能源设施管理、维护和人员成本，加强了军事能源安全管理能力与水平。

（军事科学院系统工程研究院军事新能源技术研究所

林璐　高晶　徐超）

FULU

附　录

2021 年后勤保障领域科技发展十大事件

一、美国空军正式启动火箭货运项目

2021 年 6 月，美国空军启动火箭货运项目，技术目标是在 1 小时内将 100 吨的军用物资送达到全球任何地方。该项目计划与 SpaceX 公司合作，拟采用"星舰"可重复使用运载火箭方案，提高技术可行性。火箭货运的优势是可以克服对手"反介入/区域拒止"阻力，在高对抗条件下快速补充作战急需物资，甚至长期驻留太空，需要时全球部署。目前，该项目已列为空军研究实验室第 4 个"先锋"计划项目，2022 财年预算为 4790 万美元，较 2021 财年 973 万美元增加近 4 倍，表明此项目可能成为美国空军科技研发优先事项之一。"火箭货运"是美军在军事战略投送领域的最新概念（图 1），未来或将极大改进作战部队运输补给运输效率，进一步提升美军全球快速投送后勤保障能力，提高军事部署的速度。

图 1 "火箭货运"未来应用概念图

二、美国空军天基太阳能射频转换技术取得重大进展

2021 年 12 月，美国空军研究实验室宣布，天基太阳能射频转换技术已取得重大进展，成功实现从太空向地面部队供电。12 月 21 日，由美国空军研究实验室、诺斯罗普·格鲁曼公司和柯特兰空军基地联合承担的太空太阳能增量演示和研究项目首次进行了空间飞行器关键部件的端到端试验，成功展示了这一尖端技术。该项目利用卫星在轨道上收集太阳能，并将其转化为射频，然后传送给地球上的用户，接收方可将其重新转化为能量，为士兵、车辆甚至前沿作战基地的设备供电（图 2）。2021 年该项目创新成果将天基太阳能军事应用又向前推进了一步。未来，该技术将以无线方式直接向安装在帐篷或基地建筑上的插座供电，可应用于各种规模的基础设施，提高电能保障的弹性，并为远征前进作战基地、远征部队提供可靠、

不间断的电能保障。

图2 太空太阳能增量演示与研究项目的太阳能获取与精确传送示意图

三、美国艾尔森空军基地将部署首个微型反应堆

2021年10月,美国空军宣布将给位于阿拉斯加州的艾尔森基地部署第一座小型核电站,用于空军首个微型反应堆测试。美国空军环境、安全和基础设施副助理部长马克·科雷尔表示:"微型反应堆是确保能源保障弹性和可靠性的一项很有前途的技术,特别适合为艾尔森空军基地等偏远的国内军事基地供电和供热。"《2019财年国防授权法》下令实施小型核反应堆的研究与试验,艾尔森空军基地现有的能源基础设施和气候条件是该技术的理想试验地。该微型反应堆电功率为1~5兆瓦,最快于2027年投入运营。微型反应堆技术将改变目前美军前沿基地主要依赖柴油发电机供电的能源供给现状,摆脱对传统电网的依赖,未来投入实用后将极大加强军事基地的持续保障。

四、美国海军"蓝水"货运无人机远程自主海上补给测试成功

2021年2月,美国海军成功完成运用"蓝水"无人机系统向航空母舰进行自主海上补给的测试。测试中,"蓝水"无人机从诺福克海军基地大西洋维修中心起飞,将"轻型保障装备"运往正在该基地维修的"杰拉尔·R·福特"号航空母舰上。测试用无人机经定制改装,使用折叠翼、油电混合动力、无线电自动监视系统、人工智能驱动等技术,并增加了内外部货舱容量,最大航程达到805千米,有效载荷提升至约13.6千克。此次测试评估了无人机向水面舰艇和潜艇运送货物的能力,验证了使用无人机开展"舰-舰""舰-岸"远程海上运输的可行性。该测试表明,美国海军在为水面舰艇和潜艇提供无人化后勤保障上取得新进展,无人机补给可能成为未来海上后勤补给的技术方向,解决分布式后勤保障的难题。

五、美国海军 MQ-25"黄貂鱼"无人加油机测试成功

2021年,美国海军多次成功开展 MQ-25"黄貂鱼"无人加油机演示验证,6月、8月、9月分别为 F/A-18"超级大黄蜂"舰载战斗机、E-2D"先进鹰眼"预警机、F-35C"闪电"Ⅱ战斗机成功加油。在6月为 F/A-18"超级大黄蜂"战斗机的无人加油测试中,MQ-25 无人加油机从美本土起飞,测试了接近 F/A-18 战斗机的不同方式,随后协同进行编队飞行评估、唤醒、锥套追踪等测试,最后完成对接加油,共加注燃料147千克。MQ-25 无人加油机将大大减轻 F/A-18 战斗机空中加油的任务负担,可在距航空母舰926千米范围内为战斗机提供大约6.8吨燃料,将舰载战斗机作

战半径从 750 千米延展至 1300 千米,将为美军"防区外"部署运用航空母舰创造条件。

六、美国空军运用视觉控制喷射 3D 打印技术提升精度与效率

2021 年 3 月,美国空军首次基于机器视觉反馈控制技术为本土空军基地建造 3 台视觉控制喷射 3D 打印系统(图3)。视觉控制喷射技术是一种基于喷墨沉积的 3D 打印技术,利用机器视觉和机器学习来实现实时反馈控制。该打印系统的工作原理是在沉积时扫描每一层和每一个体素,如果所需的几何形状与已打印的内容之间存在差异,则机器会自动调整下一层以进行补偿;机器还可以收集数据并从错误中学习,有针对性地做出适当调整,以解决打印中可能出现的收缩或翘曲等问题。视觉控制喷射 3D 打印技术可降低生产成本,扩充 3D 打印材料的品种,通过直接集成到现有 3D 打印系统,实现全自动生产,显著降低单件产品的成本并扩大生产规模;同时,该系统可使用一些传统喷射 3D 打印不易控制的增材材料,提高 3D 打印的精度与效率。视觉控制喷射技术将 3D 打印与人工智能相结合,设计出"有眼睛有大脑"的 3D 打印机,为未来 3D 打印提供了新的技术方法。

图 3 视觉控制喷射 3D 打印机的 4 个材料槽用于打印多材料零件

七、美国海军陆战队推进 5G 智能仓库建设

2021 年 2 月,美国海军陆战队后勤司令部启动 5G 智能仓库建设,该仓库将配备机器人、条形码扫描装置和全息、增强和虚拟现实应用程序,具有库存物资实时跟踪、自动化调配、库存智能监控、仓库智能化管理及访问控制等功能。美国海军陆战队还开展了 5G 智能仓库建设运行能力验证(图4)。7 月,奥尔巴尼后勤基地联合海军陆战队后勤司令部和仓储司令部在阿灵顿为国防部的"5G 到下一代"项目进行前期能力演示,验证了该基地 5G 智能仓库可提高海军陆战队后勤和仓库操作的效率与准确度,可改进物资接收、储存、发放、库存控制以及直接支持舰队海军的物资补给。测试表明,5G 智能仓库将提高库存管理,增强仓库运行能力,彻底改变海军陆战队仓库运行中的物流方式。未来,智能仓库的应用将有助于提升海军陆战队远征基地保障效率和可靠性。

图 4 美军 5G 智能仓库项目增强仓库运行

八、美军开发出超强碳纳米材料

2021年6月,美国陆军士兵纳米技术研究所研发了一种新型纳米工程材料。该材料由相互连接的碳"十四面体"组成,"十四面体"的晶格结构具有特有的灵活性和抗冲击性,能抵消超声速微粒的冲击,防弹性能将超过最新的凯夫拉防弹纤维。新型碳"十四面体"防弹纳米材料厚度约30微米,比人类头发丝直径(60~90微米)还要小,密度低至196千克/米³,具有超薄轻便、高效吸能、灵活性和高抗冲击性等优势(图5)。研究人员开展了激光诱导微粒撞击实验,分析新型碳纳米材料在极端变形条件下的能量吸收情况,结果表明该材料可更好地吸收冲击力,阻止超声速微粒穿透。未来,该碳纳米材料将为制造轻型装甲、防护涂层、超硬防爆盾、防弹衣等防护装备提供新途径,实战应用后将极大提升士兵防护水平和战场生存能力。

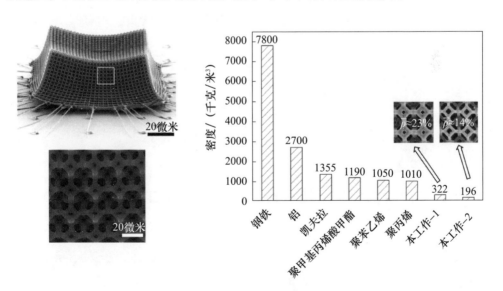

图5 新型碳"十四面体"纳米工程材料微观形貌图及常见抗冲击材料的密度对比

九、韩国研发出具有隐身功能的人造皮肤

2021年1月,韩国研发出一种具有隐身功能的人造皮肤,研发灵感来源于鱿鱼、章鱼和墨鱼等头足类动物独特的伪装特性,或将为士兵伪装能力带来重大飞跃。该人造皮肤是一种贴片式可穿戴设备,由像素化液晶显示屏组成,具有热变色能力;贴片可弯曲,适合人体皮肤表面弧度;带有热电装置,可通过反向电流进行冷却或加热,使显示屏上的像素块变成以红色、绿色或蓝色为基础的各种深浅颜色,可模拟出可见的颜色或环境的热特性;可对周围环境快速做出反应,能在5秒内从一种颜色转变为另一种颜色,从而将人的皮肤隐藏在多种光谱波段下,令热成像相机探测不到。在研究试验中,研究人员在手上贴了一块贴片,并穿过不同颜色和温度的背景环境,人造皮肤中的单个像素可迅速精确地适应背景环境,看上去就好像手上有一个空洞;将贴片贴在脸颊上,以灌木丛为背景,可使覆盖人造皮肤的脸部区域与背景高度匹配,看上去就像迷彩服的延展。研究人员通过增加合适的热绝缘体,解决了人造皮肤在北极或沙漠等极端气候环境中的使用问题。未来,该人造皮肤可赋予士兵隐身能力,将极大提升士兵战场生存能力。

十、美国哈佛大学研发可检测新冠病毒的口罩

为应对美国本土日益严峻的新冠疫情,2021年6月,美国哈佛大学威斯研究所和麻省理工学院联合研发出可检测新冠病毒的口罩(图6)。原理是利用"穿戴式冷冻干燥无细胞"合成生物学技术,将合成生物学中的生

物反应嵌入织物,研制可检测病原体和毒素的生物传感器,再将该传感器集成到口罩中,检测患者呼出的气体中是否存在新冠病毒。佩戴者按下按钮激活口罩后,口罩中的传感器可在 90 分钟内给出结果,检测结果的准确度可与聚合酶链反应等核酸标准检测手段相媲美。该口罩是首个在室温下运行、无需加热或冷却仪器、可在实验室外快速筛查患者样本的新冠病毒检测设备。目前,研究团队正在研究将该技术嵌入织物中,制成可自动报警检测的防护服。该技术军用后将有效提升军队新冠疫情防控能力。

图 6 可进行新冠病毒检测的口罩

(军事科学院系统工程研究院后勤科学与技术研究所 李娅菲)

2021 年后勤保障领域科技发展大事记

美国陆军开发自主伤员后送系统 1月，美国陆军研究使用自主伤员后送系统将受伤士兵带离战场。自主伤员后送系统以 Kobra 无人地面车辆为主要平台，平台上加装了高度灵巧的双臂操作系统（HDMS）和基于计算机图像增强技术的人工智能感知软件，从而能自动识别伤员具体位置。该系统能将伤员安全地转移到医疗车上，从战场后送到安全地带。

"第十四届美军作战能源高峰论坛"召开 1月27日至28日，"第十四届美军作战能源高峰论坛"召开，主题为"提高能源弹性，降低后勤风险"，综合论坛主要发言人的观点，近期美军在作战能源保障上的思路主要集中在3个方面：第一强调感知能源态势和提高弹性是降低能源风险的有效途径；第二构建标准化混合动力系统是保障联合作战的关键环节；第三研制轻质紧凑型发电设备是提高部队战斗力的发展趋势。

俄军列装新型战伤救治装备 1月，俄军列装新型战伤救治装备，包括13套 АП－3 型自动包扎模块综合体和一批"透镜"防雷型轮式装甲医疗车，旨在提升其卫勤保障能力。俄军计划2025年前完成"透镜"防雷型轮式装甲医疗车在所有部队的配发工作。

英国生物战剂检测仪可检出气溶胶化的新冠病毒　2月，英国史密斯探测公司宣布其BioFlash生物战剂检测仪能够检测出经空气传播的新冠病毒，且检测结果显示与流感和中东呼吸综合征（MERS）没有交叉反应，展示了对新冠病毒检测的高特异性。该仪器基于CANARY技术，采用新冠病毒CANARY生物传感器可快速检出和识别是否存在低浓度的气溶胶化的新冠病毒，可快速、灵敏和高特异性识别生物战剂和其他病原体，配备的多通道分析卡最多一次可识别12种生物有害因子，可自动去污清洗和声光报警。

俄军启动第4代士兵系统研发工作　2月，俄军已经启动第四代单兵作战装具研发，用于取代第三代"百夫长"士兵系统。第四代单兵作战装具将采用全新装备，集成俄军新型防护和生命保障系统、机器人化装备、综合信息通信系统等最新成果。俄军已经开始项目第一阶段的相关工作，确定第四代士兵系统的战术和技术需求。

美国海军"蓝水"货运无人机远程自主海上补给测试成功　2月21日，美国海军进行了一次"蓝水"无人机系统向航母进行自主海上补给的测试并获得成功。此次测试评估了该无人机向水面舰艇和潜艇运送货物的能力，验证了后勤补给无人机可用于远程海上舰-舰和舰-岸之间的货物运输。"蓝水"货运无人机最大航程达到804.67千米，有效载荷约13.6千克。

美国国防后勤局在阿富汗实施"逆向后勤"　2月，美国国防后勤局物资处置部在阿富汗实施的"逆向后勤"——废旧物资回收和再次销售取得重要进展，如使用4台大型等离子切割机来切割报废装备，每周可减少6~10辆用于废料运输的车辆作业，并可将2辆防地雷反伏击战车顺利进行就地拆解等。美军实施"逆向后勤"源于该地区废旧物资处置需求日益增加，且废旧物资处理技术得到发展进步。

美国研发下一代血浆解冻技术　3月，美国弗雷蒙科学公司研发出采用干法血浆解冻技术的新型 ZipThaw 系统，可安全快速地融化血浆和其他生物制剂，并保留凝血因子和抗体水平。该系统可以借助手推车或手持操作，轻巧便携；使用图形化触摸屏界面，操作简单；配备一次性拉链防污罩以及滴盘等多个故障保护装置，安全可靠；可与各种车载射频识别传感器配合使用，可精确地跟踪融化后血浆本身的温度，精度更高。

美军实现油料保障自动规划精确管理 3月10日，美国空中机动司令部发布题为《美国空军寻求加速提升效率》的报告，指出美国空军目前使用的"拼图"（Jigsaw）和"即刻安全"（NowSecure）软件，提高了油料保障效率。"拼图"软件是一个数字化加油机规划工具，能缩短空中加油任务的规划时间，提高加油机资源利用率并节约燃油；"即刻安全"是一款油料消耗和相关飞行费用数据收集软件，能够实时测量和感知飞机油料消耗量，为"拼图"软件提供大数据分析支持。

美国空军探索运用视觉控制喷射 3D 打印技术 3月，美国 Inkbit 公司开发出基于机器视觉反馈控制的 3D 打印技术，将为美国本土空军基地建造 3 台视觉控制喷射（VCJ）3D 打印系统。该公司的视觉控制喷射技术是一种基于喷墨沉积的 3D 打印技术，利用机器视觉和机器学习来实现实时反馈控制。该技术是美国远征行动备件增材制造应用的重大突破。

美国陆军研发机器人加油系统 3月30日，美国陆军作战能力发展司令部地面车辆系统中心准备开发自主地面车辆加油（AGVR）原型系统，可集成到托盘装载系统（PLS）平板架上，用于无人自主车队作业。该系统利用视觉传感和检测系统，能够自动精确定位目标车辆上的加油口，完成加油操作。

美国海军新建 2 艘海上高速救护船 4月，美国海军授权奥斯塔美国公司建造 2 艘具备加强医疗能力的双体船，使其成为海上高速救护船，用于美军海上灾难救援及人道主义援助。新建的 2 艘海上高速救护船是在远征快速运输船（EPF）的基础上对其医疗区域进行升级改造而成，此外，美国海军还在对远征医疗船（EMS）概念进行论证，该船也将基于远征快速运输船设计建造。

美国国会研究局发布 5G 技术研究报告　4 月 21 日，美国国会研究局发布了题为《第五代（5G）移动技术对国家安全的影响》研究报告，简要介绍了 5G 技术，认为其可以改善情报、监视和侦察（ISR）系统并提高处理水平，可以运用于新的指挥和控制（C2）方法，还可以简化后勤系统，提高效率。报告还介绍了 5G 技术对美国国家安全和军事行动的影响及带来的潜在问题。

美国国防高级研究计划局研发人工血液　5 月 11 日，DARPA 宣布启动基于生物人工复苏产品的野战失血解决方案（FSHARP）项目，旨在开发一种血液替代品，在严峻环境中降低伤病员死亡率。该人工血液要求方便储运且具备全血关键功能，满足战场急救需求。

美国空军正式启动火箭货运项目　6 月 4 日，美国空军开始实行名为"火箭货运"的开发计划，使用火箭在 1 小时内将 100 吨重的货物从太空快速运送到全球任何地点。该计划的重点主要是研发 3 种能力，即让火箭降落在各种非传统材料和表面的能力、火箭货舱和快速装卸能力以及从火箭空投货物的能力。该项目已列为美国空军研究实验室第 4 个"先锋"计划项目，是美国空军科技研发优先事项之一。

美国海军 MQ－25A"黄貂鱼"无人加油机演示验证为战斗机加油　6 月 4 日，美国海军实施了 MQ－25"黄貂鱼"无人加油机演示验证活动，首次实现了为一架 F/A－18"超级大黄蜂"喷气式战斗机加油。测试中，MQ－25 无人加油机从美国本土起飞，测试不同方式接近 F/A－18 战斗机，随后协同进行编队飞行评估、唤醒测试、锥套追踪等测试，最后完成对接加油。此次加油是历史上首次无人机对有人机实施空中加油，验证了无人加油机概念的有效性。

美国陆军开发出超强碳纳米材料 6月，美国陆军士兵纳米技术研究所研发了一种新型纳米工程材料，该材料由相互连接的碳"十四面体"组成，能够抵抗超声速微粒的冲击，其防弹性能将超过最新凯夫拉防弹纤维，为制造轻型装甲、防护涂层、超硬防爆盾、防弹衣等防护装备提供了新途径。

美军演示论证车载移动微电网技术 6月，美国国防部研究与工程副部长办公室和陆军演示论证了一种基于车辆的移动微电网原型机（CVM）。该系统是美国陆军正在进行的战术微电网研究的一部分，将为战场士兵提供弹性和高效的电力保障。美国陆军计划将该技术应用作战营，并在作战条件下进行相关实验，预计10%~20%的战术车辆将部署该技术，以满足多域作战需求。

美国空军开发基于人工智能的预测性维护工具 6月，美国空军构建了一个预测性维护工具，该工具使用人工智能算法和数据分析工具来监控操作、检测异常，可容纳影响级别5级的关键任务数据，在设备发生故障之前进行有效预测，有助于美国空军保持其飞行任务准备并且降低飞机维护成本。

美国陆军自主地面补给系统开展试验鉴定 7月，美国陆军作战能力发展司令部地面车辆系统中心与联合承包商一起，在格雷林营的联合机动训练中心对自主地面补给系统进行测试，测试完毕后进行部队试验。此次测试的自主地面补给系统集成在陆军托盘装载系统和海军陆战队"后勤替换车辆系统"上，可让车队实现无人操作，自主完成装卸载任务，减少士兵伤亡风险。

美国海军开发新型核动力潜艇蒸汽防护服 7月,美国海军研究局为"佛蒙特"号和"印第安纳"号攻击型核潜艇员提供了新型蒸汽防护服,以更好地保护艇员免受核动力潜艇蒸汽泄漏的威胁。新型蒸汽防护服为一件式设计,更加轻便灵活,方便艇员高效工作。未来,新建造的"弗吉尼亚"级、"哥伦比亚"级核动力攻击潜艇也将配备这种蒸汽防护服。

美国海军使用生物水泥技术建设前线基地直升机着陆区 8月,美国海军工程兵在关岛圣丽塔海军基地使用最新生物水泥完成直升机着陆区原型的建设。生物水泥未来计划全面取代硅酸盐水泥,利用当地非工程表面细菌应用,能有效改善土壤质量,提高抗腐蚀性,并抑制粉尘产生,从而有效提高机组人员的能见度和飞机的着陆能力,加强远征先进基地作战能力。

美军将二氧化碳转化为航空燃料 8月,美国空军作战能源部的"E-Jet"项目实现里程碑式进展,该项目的研究方向是将二氧化碳转化为军用航空燃料,目前已证明该技术的有效性,并为批量生产合成碳中性燃料创造条件。初步测试表明,整套燃料合成系统具有高度的可部署性和可扩展性,可按需为行动部队制造燃料,以补充石油基燃料供应不足。

美国卡曼公司推出新型后勤无人机 9月,美国卡曼公司研发出新型Kargo无人机,旨在解决美国海军陆战队远征前进基地作战概念中面临的最大挑战——为分散在岛链周围的海军陆战队小队提供补给。Kargo无人机可内部吊舱载货或外部吊装货物飞行,可承载高达362.9千克的有效载荷,最高速度可达121节,其航程范围将根据有效载荷而变化。

美军采用晶格结构3D打印技术改进作战头盔性能 9月,美国陆军利用先进晶格结构设计和3D打印技术,改善美国陆军作战头盔的冲击吸收能力,满足陆军作战能力发展司令部士兵中心的关键性能要求,增强士兵的野外防护和生存能力。该公司将开发一套预测建模工具集,利用计算设计和数字制造技术，根据真实的数据来设计和生成用于作战头盔悬挂系统的优质晶格材料，提升头盔的冲击吸收能力。

美国海军陆战队 CH-53K 重型运输直升机首次进行超视距运输能力测试　11 月，美国海军陆战队第 1 作战测试与评估中队（VMX-1）首次测试了 CH-53K "种马王"重型运输机的超视距运输能力，将约 12 吨的轻型装甲车从"黄蜂"级两栖攻击舰运至岸上登陆区。

美国空军订购"沉默之箭"货运无人滑翔机　11 月，美国空军研究实验室（AFRL）授出 15 架新型货运无人滑翔机的采购合同，该无人滑翔机可在高空进行侧门和托盘式集群空投。新货运无人机被命名为"沉默之箭"精确制导无人滑翔机（SA-PGB），可用于执行战术任务和人道主义援助。SA-PGB 采用弹簧展开式机翼，最大质量约 226.8 千克，载货量约 158.8 千克，防区外滑翔距离约 64.4 千米。

美国计划启动月面反应堆电源项目　12 月，美国家航空航天局（NASA）和能源部公布了月面反应堆电源项目的方案征集信息，计划 2022 年启动项目，2028 年底完成地面样机和飞行样机研制。月面反应堆电源将为载人登月任务的月球表面基地提供能源支持，大幅提升航天员在月球表面开展任务的能力，实现人类在月球表面的长期驻留。

美国海军启动新一代后勤舰船的初步设计工作　12 月，美国海军授予奥斯塔尔公司"新一代后勤舰船"（NGLS）项目的设计合同，用于开发新一代后勤舰船。新型后勤船比传统的作战后勤保障舰艇小，但功能更加优化，能为海军舰队提供加油、装弹和补给等灵活的后勤支援。

（军事科学院系统工程研究院后勤科学与技术研究所　韩宇娟）

从"第十四届美军作战能源高峰论坛"看美军作战能源发展思路

2021年1月27日至28日，美国国防与政府推进学会举办了"第十四届美军作战能源高峰论坛"。受疫情影响，本届论坛以线上形式进行。作为全球军事能源领域最有影响力的峰会，本届论坛主题为"提高能源弹性，降低后勤风险"，共吸引近百名军界高层、政府高官、学者和供应商参加，我国西南大学一带一路研究院第二次应邀以观察员身份参与峰会。

综合论坛主要发言人的各方观点，近期美军在作战能源保障上的思路主要集中在以下三方面：

一、强调感知能源态势和提高弹性是降低能源风险的有效途径

近两年来，不断变化和富有挑战性的作战环境持续推动欧美军队进一步建设更具弹性、更有效率的能源保障体系。本届论坛上，各方均强调通过建立通用的能源态势感知系统、提高保障效率效能等措施，来提高作战部队的武器射程、覆盖范围和任务持续时间，降低能源供给的脆弱性和保障中断的风险性等共识，这一思路与过去几届峰会所倡导的减少化石燃料、增加可再生能源和提高能效目标一脉相承。

美国国防后勤局能源局吉米·坎拉斯空军准将从能源弹性、可持续性和降低成本的角度发表题为"美军能源维持需求"的报告，报告分析了国防后勤局向国防部和其他政府机构提供全面能源解决方案的效果，重点结合《2020领导力变革》文件，阐述了国防后勤局建立机构同步作战中心的概念和通用作战图系统的想法。根据这一思路，来自国防后勤局总部各部门和下属司令部的代表，按照轮换模式被集中在机构同步作战中心，基于统一的通用作战图，利用网络同步一系列任务关键需求，快速响应并解决作战机构的问题。该工作的重心是进一步完善和扩大太平洋地区能源保障能力，为此开发了一系列能源态势感知和预测分析工具，向作战部队指挥官提供可操作的能源解决方案。同时，国防后勤局强调增强远征保障能力建设，通过维持和扩大快速部署支援小组、远征特派团、可部署仓库等措施，提高远程支援和移动通信能力；与美国运输司令部和其他合作伙伴同步进行各类军事行动，形成散装油料、移动式电力保障设备和其他后勤物资集成投送的混合物流体系，随时准备在全球范围内完成平战时各类任务的能源保障。

英国前国防部长、现任国防部气候变化和可持续发展战略负责人的理查德·努吉中将，以"引领可持续作战和设施能源"为题，阐述了英国国防部为达到2050年净零排放目标，推动能源多样化、探索军用车辆替代燃料可行性、提高可再生能源渗透率等方面的多项措施及取得的效果。具体包括：建立自然资源资本登记手册，开发更节能的建筑，量化固定设施的碳抵消能力；在超过35个国防设施内部安装电动充电站，力争2030年前实现通用车辆100%电动化；重新拟定航空燃料军用标准，推动现役军用飞机采用航空燃料和生物燃料各50%的混合燃料；将气候变化的全球影响作为当前能源综合评估的核心，引领未来发展方向。

美国空军设施、环境和能源副部长助理秘书罗伯托·格雷罗，以"通过技术创新和优化作战能源，实现作战能力最大化"为题，重点阐述了空军面对新老飞机和作战系统能源优化任务，开发构建"软件定义燃料供应管控网络"的辅助决策软件系统，并使之在能源使用规划和任务执行方面发挥突出效果。他指出，针对全球范围内不同规模的临时型、半永久型和永久型基地所产生的燃料和电力电能保障的多样性和异构性，"软件定义燃料供应管控网络"融入了化石燃料信息化和电力供应虚拟化概念，实现军事基地内各种能源安全可靠的混合使用、管控与运营。

美国陆军第一副参谋长杰森·埃文斯中将负责制定陆军设施能源监管指南、规划和管理能源资源、支持陆军全面战备。他的发言深入讨论了美国陆军设施能源弹性和保护投资计划在公用事业采购和私有化方面的实施效果，节约能源、降低成本、提高弹性和增加关键任务保障资金是该计划的核心内容。

美国海军部作战能源总监詹姆斯·凯利重点介绍了2021年1月14日发布的《"增强型智能地理空间态势感知"系统招标书》。在该招标书中，美国海军要求使用人工智能和机器学习算法等高级分析技术来管理与地理空间、非地理空间相关联的各类数据，以更快的分析速度支撑环境评估、威胁识别、预测能源，从而应对当前美国各战区杀伤链日益增长的威胁。这些智能地理空间分析结果将输入海上战术指挥与控制系统，辅助作战人员制定行动计划。海上战术指挥与控制系统是美国海军下一代指挥和控制平台，能够提供现代化、安全、集成和可互操作的网络中心能力，将取代传统的规划和决策辅助系统，通过支持通用作战图系统、可视化作战环境，保持指挥与控制、态势感知优势。该项目计划分三个阶段实施：第一阶段是确定高级分析的最佳算法，包括人工智能、最大似然算法以及语义推理算法等，摄取地理空间和非地理空间数据来进行标注，以多种方式直观地呈现数据；第二阶段是开发联合信息处理系统软件原型，用于抽象类数据的文本和地图表示，地理空间可视化展示，形成评估效果图并直接向用户提供信息；第三阶段将整合海军信息作战中心现有系统，选择西太平洋/大西洋进行测试。

二、构建标准化混合动力系统是保障联合作战的关键环节

近两年能源动力发展趋势是由单一动力向混合动力发展。在本届论坛上，各国军方也探讨了进一步采取混合动力系统的问题，重点是如何使系统更加节能高效、体积轻便耐用，如何构建符合各种军用动力的电源电力标准，提高混合动力系统的标准化等。

北约能源安全卓越中心指挥官罗穆阿尔达斯·佩特克维奇上校向所有北约成员国提供了关于作战和设施能源的官方报告和建议，重点讨论了如何建立前方作战基地混合发电标准。

英国陆军总部地面机动能力计划负责人西蒙·里奇韦上校和英国国防解决方案中心创新总监詹姆斯·加文共同介绍了"英国汽车电气化规划"的实施效果，探讨了英国陆军向混合动力和电动汽车过渡面临的挑战和未来发展方向。英国 BAE 系统公司早在 2007 年为美军设计生产了 FTTS－MSV 并联式混合动力整体自装卸运载平台，它能够更好地满足地面后勤补给系统高机动、高效率、高可靠、高灵活性等技术要求，为部队战术或战略运输及后勤保障提供运输支持。

本次会议还讨论了即将发布的美国海军陆战队《"移动式混合动力电源"招标书》。美国海军陆战队对远征作战能源有独特的要求：在提高部队作战机动性、快捷性和安全性的基础上，不仅必须考虑与全球盟友和不同系统之间联合作战的灵活性和互操作性，还要根据西太平洋地区地形多变、岛屿分散、气候复杂、后勤物流不足等现实特点加强能源保障的统筹设计。因此，这份招标书将以更高更新的要求吸引更多商家的注意力。

三、研制轻质紧凑型发电设备是提高部队战斗力的发展趋势

除作战能源保障的战略、方向和措施等议题外，本届论坛研讨了不少先进能源技术问题，如轻质紧凑型发电技术与装备就是本届论坛的一个主要技术方向。2021年1月14日，美国海军发布了《"有机薄膜太阳能电池加工和产品开发"招标书》，要求开发和实现稳定性更强的整体异质结构材料。具体要求是：第一阶段在刚性或柔性基板上，将多个1厘米^{2}电池串联形成模块，确保电池在未包装的100小时内和包装后1000小时内实现13%的转换效率，且性能损失低于10%，同时表征模块级性能；第二阶段是在柔性基板上形成一个50厘米^{2}的电池模块，转换效率大于11%，柔性封装，封装寿命为5～10年；同时，全面测试刚性和柔性电池以及微型模块的稳定性，确保原型可用于验证。针对这些较为苛刻的技术指标，采取何种能源形式和技术路线才能达到要求引起与会者的关注。论坛上，海军陆战队作战实验室主任布里格本·沃森将军提出了使用高性能有机薄膜太阳能电池的解决方案。

鉴于当前使用的铜铟镓硒薄膜电池存在额定功率转换效率低和耐久性差等缺点，可以使用共轭聚合物供体和非富勒烯受体本体异质结材料的单

结太阳能电池，它有望突破更高的性能，实现 16.53% 的转换效率；而且可以达到更小体积的卷轴式柔性包装，能够更广泛地应用在帐篷、背包、防水布及可折叠的层压板上，是适应未来海军远征作战的先进能源材料和技术。

目前，定向能武器系统的主要动力源庞大且笨重，无法与小型战术车辆和无人系统集成，如美军轻型海上防空综合系统使用了质量为 136 千克的 5 千瓦柴油发电机，已经超过当前的车辆总重。未来作战任务需要增加更多的用电设备，10 千瓦功率需求都是正常。为此，结合 2021 年 1 月 14 日美国海军发布的《"尺寸/重量优化的紧凑型发电机技术"招标书》，美国海军部作战能源总监詹姆斯·凯利在论坛上提出，研发适用于定向能武器的、更加紧凑、轻便的发电系统，具体包括 5 千瓦、10 千瓦、15 千瓦和 20 千瓦的可扩展发电机，高度优化尺寸和重量，模块化设计，支持 100% 占空比要求，可在现场进行检查和维修等。

总之，"第十四届美军作战能源高峰论坛"聚焦美军和政府关注的作战能源保障战略、体系和技术等问题，通过军方高层、政府官员、学者和供应商之间的交流沟通，为美国国防部、各战区、作战部队和军事基地管理者谋划提供可靠的、富有弹性的、创新性的能源供应解决方案。

（军事科学院系统工程研究院军事新能源技术研究所　林璐　王耀辉）

（西南大学　廖林）

美国空军下一代加油机

美国空军要具备"全球警戒、全球到达,全球力量"的能力,空中加油飞机是保证这一能力实现的重要航空装备。自20世纪80年代以来,美军加油机机队一直保持在数百架的规模。进入21世纪后,加油机机队的能力不足和老化问题开始困扰美国空军的发展,其不得不考虑研制或采购新型空中加油机。2021年6月15日,美国空军发布消息称寻求一种非在研空中加油机,以弥补当前KC-X加油机和下一代KC-Z加油机之间的能力空缺,新加油机目前称为KC-Y。2021年9月15日,洛克希德·马丁公司公布新研发的LMXT加油机方案(图1),该方案基于其与空客公司联合研制的KC-330加油机,并将参加美国空军KC-Y加油机项目竞争。

图1 洛克希德·马丁公司研制的LMXT空中加油机

一、美国空军现役加油机现状分析

目前,美军拥有 HC-130J、HC-130N、KC-10A、KC-135R、KC-135T 以及正在生产的 KC-46A 四型加油机,其分布状况如表 1 所列。

表 1 美军现役加油机分布状况

型号	空军现役/架	空军国民警卫队/架	空军预备役司令部/架	平均服役时长/年
HC-130J	19	12	0	4.01
HC-130N	0	3	0	24.5
KC-10A	59	0	0	34.72
KC-46A	19	2	0	0.1
KC-135R	116	140	74	57.88
KC-135T	25	24	0	59.59
合计	238	181	74	49.23

从表 1 可见,KC-135R/T 系列加油机数量最多,总数达 379 架。然而,KC-135R/T 系列加油机基于单通道的 C-135 运输机研发,载油量仅有 52 吨,无法满足持久的加油任务,且 KC-135R/T 系列机体老化严重,保养费用加剧,亟待新加油机的顶替。总数 59 架的 KC-10A 加油机载油量约 90 吨,基本可胜任高强度作战任务。但是,数量不足限制了 KC-10A 的全球部署和快速机动能力。HC-130J/N 系列的加油机总数为 34 架,是在 C-130 军用运输机基础上发展而来,可同时为 2 架小型战斗机或直升机实施空中/地面加油,然而其最大载油量约 37 吨,依旧无法满足持久的加油任务。采购数量达 179 架的 KC-46A 加油机发展自波音 KC-767 加油机,也是美军加油机路线图中 KC-X 的机型。这款先进加油机被美军寄予厚望,

但仍存在较多问题,如远程视觉系统(RVS)远未达到实际需求,视频图像和实际操作无法实现实时传输,飞机自身存在质量缺陷问题,蒙皮易被加油杆划伤等。

由于现役加油机已无法满足美军当前的需求,为此,美军寄希望于一种过渡产品,能够弥补当前加油机的不足,在 KC-Z 加油机到来前的过渡期内支撑起整个美国战略空军的空中加油需求。

二、美国空军加油机战略的改变

2021 年 6 月,美国空军发布了 KC-Y 加油机竞标方案,寻求一种"非开发型""本土化"的商用衍生加油机,此次竞标主要目标是打造 140~160 架、预计 2029 年开始服役的新款空中加油机,借此在 KC-46A 加油机量产结束时,能以每年 15 架的速度补充美空军加油机机队,持续适应美空军未来的作战需求。新的加油机替换计划与最初的加油机策略有很大不同,空军最初设想的加油机更换计划分为三个阶段:第一阶段为 KC-X 加油机,通过 KC-X 加油机竞标(由波音 KC-46A 加油机赢得)初步采购的 179 架新飞机逐步取代 KC-135R/T 系列加油机;第二阶段为 KC-Y 加油机,通过 KC-Y 加油机竞标,采购 179 架加油机,波音公司赢得 KC-X 加油机的竞标后,又将 KC-Y 加油机阶段的计划更改为继续采购 KC-46A 加油机。第三阶段为 KC-Z 加油机,最初计划通过竞标寻求一种比 KC-46A 加油机载荷量更大的加油机,但最后也转为采购第三批 KC-46A 加油机。

在最新的加油机采购计划中,在 3 个方面发生了变化:一是 KC-Y 加油机将采用公开竞争,而不是 KC-46A 加油机合同的后续。美国空军于 2021 年 6 月 16 日发布的通知中,明确表示寻求"商用衍生加油机",美国空军将此次采购称为"桥式加油机",以填补目前 KC-X 加油机和未来 KC-Z 加油机之间的空白。二是空军对 KC-Z 加油机的看法似乎发生变化。"桥式加油机"的招标方案暗示着将 KC-Z 加油机重新定义为"先进空中加油机"。在此之前,相关领导人曾透露过有兴趣将下一代加油机的重点放在其他功能上,如隐身、自主或无人驾驶等,而不仅仅是加油机的载重。三是美国空军正在积极探索军民融合式的加油机保障模式。在这种架构下,空军将雇用私人承包商保障空中加油飞机,以支持训练任务和其他部署。寻找"桥梁加油机"解决方案有两个原因:一是保持 KC135R/T 系列加油机适航性的挑战日益增加;二是全面投入使用的 KC-46A 加油机交付延迟。空军可用加油机的供需缺口在未来 5~7 年将不断增大。寻求商业可用的加油机是解决该问题的可行性方法之一。

总的来说,空军加油机更换方案的变化意味着以前的双型号加油机队(一度被认为可能发展成单一型号机队,即 KC-46A 加油机),很可能会发展为以三种型号加油机为主(KC-46A、桥式加油机和高级空中加油机),加上各种承包商提供的混合加油机队。

三、LMXT 加油机的优势

2021 年 9 月 16 日,洛克希德·马丁公司发布了 LMXT 加油机方案,并表示会参与 KC-Y 加油机的竞争。LMXT 加油机具备以下优势:

一是符合美国空军的招标需求。LMXT 加油机完美契合了美国空军提出的基于商用客机的"非开发型"提案。"非开发型"是指技术成熟度很高、能够在不到 10 年时间内完成产品的开发、测试、投产和交付。其次,美国空军希望新一代加油机实现"本土化"。"本土化"是指全部加油机必须在美国本土生产。为此，空客公司于 2020 年 6 月在美国亚拉巴马州莫比尔市建造了新的生产线，并与美国重要军事供应商洛克希德·马丁公司合作，彰显了 LMXT 项目的"本土化"特征。最后，美国空军要求 KC-Y 加油机能够快速投入生产，并以每年不少于 15 架的速度进行交付。空客公司成熟的客机制造技术以及洛克希德·马丁公司在武器装备生产中的科学管理，使得这个目标的实现轻而易举。

二是性能稳定，载油量大。LMXT 加油机最早源自 2018 年 12 月洛克希德·马丁公司与空客公司的 KC-330 加油机方案，该方案由空客 A330-MRTT 加油机发展而来。A330-MRTT 加油机是一种双发双通道远程加油机，集成了空中加油臂、软管加油吊舱和机身加油系统，可在不同环境下为不同加油模式的战斗机进行空中加油，具有良好的适应能力。A330-MRTT 加油机性能十分稳定，可搭载 111 吨燃油以及 45 吨货物，续航时间接近 20 小时，目前已经被 13 个国家选中，累计飞行了 25 万小时，并获得了为 F-35A、F-22、F-16、A-10、B-1B、C-17、E-3、E-7、F-15 和 P-8A 飞机加油的认证。LMXT 加油机的整体设计与 A330-MRTT 加油机大同小异，在原型机优异性能的基础上，着重满足美军的特定需求。洛克希德·马丁公司承诺在 111 吨载油量的基础上再提高 24 吨，使得 LMXT 加油机每次出动都能为更多的战机加油，同时让该机拥有更长的空中待命时间。

三是智能化水平高。首先，LMXT 加油机具备全自动吊杆系统空对空加油能力，该系统能自动设定合适的加油角度和安全距离，并由加油机伸缩臂上的灯光系统对需加油的战斗机进行提示，整个空中加油过程的误差不超过 1 厘米，并且整个过程仅需操作员进行监督，现有战机无需安装额外设备，仅凭伸缩臂上的光束提示即可完成整个加油任务。其次，LMXT 加油机具备先进的相机和视觉系统，取消了传统相机所需的观察窗，能营造全景式、实时传输的操作平台，实现图像和实景的同步，提高了加油机智能水平。此外，以往的美军空中加油机，并未安装相应的传感器和体系架构，难以融入信息化战争体系中。为解决这一问题，洛克希德·马丁公司为 LMXT 加油机装备了基于联合全域指挥控制的开放架构系统，加强了加油机的情报共享分析能力，提高了信息传输速率。开放架构的结构也便于集成新设备，通过安装多种传感器和信息化作战系统，LMXT 加油机可作为多域战的空基节点，实现战场态势感知能力，有利于更好地完成作战任务。

（军事科学院系统工程研究院后勤科学与技术研究所　孙燕侠）

美军联合轻型战术车辆

2021年6月3日，美国国会研究局发布《联合轻型战术车辆》（JLTV）技术文档，简述了该车型的项目背景、项目现状、预算信息以及对外军售情况。以下为全文翻译，供参考了解。

一、项目背景

联合轻型战术车（JLTV）是美国陆军领导的联合军种项目，旨在取代各军种轻型战术轮式车辆中的一部分。它主要包括四座作战战术车（CTV）和两座作战支援车（CSV）两种型号，作战战术车保障通用任务、重机枪载运和近战武器载运等，作战支援车保障一般的通用任务或掩护性运输任务等。联合轻型战术车可由包括旋翼机在内的一系列载运工具运输。其机动性保证了在包括市区在内的各种地形上行动，且能在遭受直接火力或者简易爆炸装置威胁时提供有效的附加装甲防护。

二、项目现状

联合轻型战术车目前由总部位于威斯康星州的奥什科什公司生产。

2015年8月,美陆军授予该公司67亿美元的小批量试生产(LRIP)合同,为陆军和海军陆战队采购16901辆联合轻型战术车。2019年6月,美国陆军负责采购、后勤和技术的助理部长批准了陆军联合轻型战术车批量生产(FRP)的申请。陆军计划在2022财年第四季度把后续批量生产合同授予某单一供应商。这个颇有竞争力的五年期合同每年的要求都不一样,总价123亿美元,涵盖约3万辆联合轻型战术车和1万辆联合轻型战术车拖车。陆军从2019年4月开始接收小批量试生产的联合轻型战术车,而海军陆战队在2019年2月就接收了首批该型车辆。

三、预算信息

根据美国2022年国防预算草案可知,在联合轻型战术车项目上,美国陆军和海军陆战队的研发经费分别是260万美元和200万美元。而采购上,美国陆军、空军、海军、海军陆战队各自的计划分别是2744辆6.039亿美元、158辆9740万美元、14辆2740万美元和883辆3.22亿美元。

据报道,在陆军向国会提交的2022财年未拨款项目清单中,包括一项额外的1.2亿美元资金申请,额外采购340辆联合轻型战术车。注意事项如下:

1.2亿美元未拨款降低了联合轻型战术车部署规模。由于陆军顶层预算削减,原来准备到2041财年之前采购49099辆联合轻型战术车、每年装备3~5个旅作战队的计划存有风险。陆军预算每年削减1.22亿美元,将推迟一个装甲旅战斗队(约340辆车)的部署,使完成授权采购目标的时间延长至大约2045财年。从2019财年到目前的拨款情况看,对联合轻型战术车的拨款减少了54%,而申请购买联合轻型战术车的部队(如宪兵、炮兵、任务指挥系统)则持续增加。此外,单车造价上涨等影响也危及陆军重新竞争联合轻型战术车合同的战略,因为预算持续削减将阻止潜在制造商提交申请。对那些持久的、计划外的应急高节奏作战部队来说,资金不足使未来联合轻型战术车的生产/部署面临风险。

四、对外军售

国防安全合作局(DSCA)批准向英国(10.35亿美元购买2747辆)和立陶宛(1.708亿美元购买500辆)出售联合轻型战术车。国会需考虑的潜在问题如下:

(一)联合轻型战术车是否已成为军队现代化的主要买单者

陆军2022财年相关预算显示,联合轻型战术车已成为陆军其他现代化项目的主要资金来源。如果陆军无法按照当前计划重新签订联合轻型战术车合同,这将导致部署时间延长,还可能导致车辆价格上涨和总体项目成本增加。此外,特别是对陆军应急部队而言,还存在相关作战风险。事实证明,陆军其他现代化工作让联合轻型战术车买单的决定,似乎存在一定程度的项目不确定性和风险。

一些防务专家推测,海军陆战队可能也会减少购买联合轻型战术车,因为对于更加远征的战争样式而言,联合轻型战术车过于沉重,以至于无法成为海军陆战队的关键装备。如果出现这种情况,为了推动现代化进程,陆军会减少或延缓对联合轻型战术车的采购,这可能会对决策者产生明显的影响。

(二)联合轻型战术车的采购未来如何

陆军当前的现代化战略主要集中在六大优先事项上,并不包括联合轻型战术车。随着海军陆战队根据 2020 年 3 月的部队设计倡议而缩小规模，并更趋向于向远征部队发展（可能需要更少的联合轻型战术车），原来针对两大军种的联合轻型战术车采购计划可能会失效。尽管陆军计划在 2022 财年之前通过与另一供应商签订后续合同来降低成本，但生产率降低和采购时间延长可能会增加成本。此外，不同型号的联合轻型战术车可能会导致混合车队产生额外的作战和维护成本。总的来说，这些问题可能值得国防部和决策者研究联合轻型战术车的未来采购方向，以帮助确定当前对联合轻型战术车的需求，以及延长采购和重新竞争未来生产的决定是否会导致项目成本增加。

（陆军军事交通学院　王荃　吴彤）

持续保障——在竞争环境中"获胜"的优势

2021年5月24日，美国陆军网站发布了陆军少将罗德尼·福格等人撰写的文章《持续保障——在竞争环境中"获胜"的优势》，论述了大国竞争战略下联合作战的美国陆军持续保障能力需求，指出持续保障不仅仅是一种作战功能，而是获胜的必要优势。现摘译如下，以供读者参考。

无论在任何情况下，在任何战区，美国陆军的目标都是赢得下一场战争。陆军的责任是为联合部队提供从工业基地到战术联络点的持续保障。持续保障的能力基础将是联合部队指挥官在战斗中获得优势的关键。历史经验表明，后勤对于威慑对手并赢得大国竞争、缓和危机以避免冲突以及寻求机会以建立合作至关重要。

陆军提供通用后勤保障，并为其他军种提供后勤保障，还负责为联合部队、跨部门以及适时为盟国和合作伙伴提供后勤保障。《美国法典》第10章授权作战指挥官行使后勤指令权，以划分后勤保障职责，领导军种职责，并根据情况做出其他特殊安排，如向某个军种或部门分配通用后勤保障等。后勤指令权包含和平时期的各种举措，以确保作战计划有效执行、作战行动高效和经济、防止或消除设施重复建设，避免各军种司令部之间职能重叠，从而最大限度地提高联合部队指挥官的行动自由、扩展作战范围和战斗持续性。

从历史上和战略上看，美国在多个领域和在全球范围内享有无可争议的行动自由。自第一次世界大战以来，这一优势使陆军和联合后勤体系能够在全球范围内运送人员、物资和装备，以支持作战行动。然而，陆军在向多域作战部队转型过程中，全球态势也在持续发生演变。需要跨越遥远距离和争议领域，在竞争空间内打击、移动、通信和维持部队，加上联合部队不断增长的持续保障需求，给联合后勤体系带来新的挑战。持续保障现代化概念必须很好地融入各个军种，并要与能应对竞争和冲突挑战的工业基础相结合。持续保障不仅是一种作战功能，它是取胜所必需的优势，必须在所有梯队进行整合。

一、竞争环境下的联合后勤能力需求

联合后勤体系按照国防战略运用资源提供制胜能力。陆军的多域作战（MDO）概念对陆军现代化建设所需资源产生影响。但同样重要的是，多域作战概念必须支持《美国法典》第10章所规定的陆军角色及其作为联合部队一部分的职责。在建立和维持从战略支援区（SSA）到战术联络点的战备过程中，陆军对其他军种的支援变得越来越重要，并将影响大规模作战行动（LSCO）的需求。在竞争和冲突中，在预期全过程竞争环境下，在时间、速度和距离方面遭受同等挑战下，联合部队必须能够携手联合/多国/工业伙伴，从战略支援区向任何地点实施打击、移动、通信并获作战胜利。

联合后勤体系现代化建设需要三种能力支持：一是具有弹性和综合性的后勤指挥控制能力；二是联合兵力投送能力；三是分布式持续保障能力。

(一) 具有弹性和综合性的后勤指挥控制能力

指挥官要想在梯队中使用跨域信息以提供超越对手的决策优势，需要具有标准化、综合性和互操作性的信息系统。数据是后勤的关键。数据分析、人工智能和机器学习使我们能够进一步减少资源需求和按时交付后勤物资。在20世纪90年代初，指挥官能够了解并指挥整个旅或师的作战空间就足够了。但今天，指挥官需要掌握跨领域的战况。此外，根据指挥官的位置或职责，他们可能需要了解跨不同国家、多国机构或国家级的补给和配送链的情况。这种信息系统必须允许指挥官访问受保护和安全的数据和信息，以提供决策优势。

要在收集、传输、分析、决定和处理数据的同时保护数据安全，需要在竞争环境中发展弹性能力。为了传达指挥官的决策，必须为所有物资（包括医疗后勤）建立一个跨越多种信息来源的通用操作环境。为了实施管理，联合后勤体系必须整合商业、军事和多国数据，以提供一个通用作战图。

此外，这个数据平台必须能够在后勤业务和作战任务之间建立通信。不仅提供整体解决方案，而且必须可供各级指挥官使用。聚合数据的能力使指挥官在他的层级能够利用技术来影响从战略支援区到战术联络点的作战环境。

实现决策优势可以让领导者做出更快更准的决策。基于准确和相关数据的综合性决策能力，将转化为相对于对手的比较优势。这个全球后勤信息系统现在还存在一些漏洞，需要能够在网络被拒止、破坏、中断和有限（带宽）的环境中断开连接并有效运行。要认识到断网作战的可能性，需要有能力在没有通信的情况下进行后勤预测并向联合部队实施保障。在断网期间，部队必须能够用预测分析能力进行预测，以便在间歇性机会窗口期间提供保障。

持续保障现代化建设的重要内容是诊断和预测性维护（第三类/第五类补给品配送、传感器、战术云、人工智能和安全的数据），以实现后勤预测分析，从而减少需求、提高后勤灵活性并降低士兵的风险。随着数据分析技术的成熟，部队将通过将指挥所计算环境集成到持续保障战术网络来发展弹性能力。此外，陆军目前正在进行的联合后勤体系业务系统现代化建设也将提高部队管理数据的能力。

（二）联合兵力投送能力

杀伤力与全球快速、无限制兵力投送能力息息相关。战略支援区通过向全球范围内进行部队、物资和能力投送来支持多域作战，以实现作战行动和作战范围的自由。尽管联合部队目前在战略部署方面没有争议，但联合部队必须做好准备，不仅要在竞争和危机期间，还要在冲突期间，能够在有争议地区部署部队。实施有争议的行动需要部队快速可用、部队态势可调整，以及可与美国本土各机构及在世界各地的盟友和伙伴密切协调。

部队快速可用是要求联合部队随时待命。可视、可知和可快速响应的能力将完善联合部队向有争议地区投送部队，并需要政府和非政府机构之间的合作，以了解需求、演练计划，并将杀伤力传递到需要的地方。从持续保障和配送的角度来看，这种可视性有助于联合部队保护国防部供应链、商业运输部门和配套基础设施。全体部队多域作战方法，加上快速可用和可视化能力，可使指挥官了解作战局限，降低时间、距离和速度上的风险，并适当地投送兵力。

部队态势调整是一个全球部署过程，体现多域机动的灵活性。它是一种联合部队全球兵力投送的方式。陆军的责任就是为联合部队配置合适的资产，使其在大规模作战行动中掌握主动权。调整部队态势从后勤角度将把时间和距离的风险降至最低，从而缩短从竞争转向危机的反应时间。例如，建立生成动员部队的基地。这些基地能够动员和解除动员部队，以支持联合部队指挥官的需求。

与盟友的密切协调是指国防部需要与盟国、合作伙伴以及国防工业基础合作，才能提供更高的灵活性。前沿存在、远征行动和国家级能力的实现都需要上述能力和部门在所有领域开展行动，以竞争和获胜。

（三）分布式持续保障能力

分布式持续性保障行动要求具备响应能力、分散执行任务能力，以及断网独立作战能力。这需要同步的、预设的、综合的后勤行动。此外，同步化、持续性和配送式后勤能力需要数据支持，以向快速自由开展行动的多域部队提供可视性。分布式持续性保障能力使决策空间最大化并可提供作战灵活性。联合部队必须投入竞争状态，以现代化发展为目标，努力减少对战术和战略后勤部队的需求。开辟战区、减少需求、携手盟友和合作伙伴并以快速复原力开展行动，将需要具有快速增援能力的工业基础来提供作战持久性。

分布式作战能力来源于开辟的战区能够确保行动自由，确保全球能够获得区域结盟的、持久的和阶段性的持续保障基础设施。部队必须通过多国达成协议等活动不断地开辟战区，通过优化部队战斗配置与装备预置储备决策，使获得基地、建立基地和前沿存在成为可能；轮换部队必须装备齐全并准备就绪；必须能够共享可视性和互操作性，利用联合部队、多国部队和工业基础，保护后勤联合体系系统以及配送与补给网络，使联合作战成为可能。

随着国防部现代化工作的激增，整个联合部队对后勤配送和维修的需求都在增加。举例来说，较重的装备需要更多燃料、不同的运输方式和更多的维修人员。在此基础上，维持和防护部队所需的资源也在增加。减少需求可实现作战范围延伸、基本物资再补给速度加快、作战平台效率提高、任务风险可控、杀伤力提升、对后勤保障的依赖减少、对后勤运输行动安保需求降低。虽然东道国的支持以及军种与国家间建立互操作性可增加采购选择，并减少配送需求，但也可能在协议中增加需求。国防部必须从根本上减少对后勤的需求，才能在竞争、危机和冲突中取得成功。减少需求的一些做法是车辆混动电气化、减小弹药质量和包装、缩减所需维护维修时间以及降低专用工具需求。这些都是采办过程中需考虑的因素，因为需求方要为采办项目开发设定条件。

随着需求的减少，使用更小、更精巧的平台进行分布式作战的需求却在增加，这些平台能够提供多域自主或半自主补给能力。这方面的一些有效做法包括转向通用战术卡车，增加共享维修零件和维护工具的使用，或增加使用自主加油和自主库存控制能力。虽然未来的竞争和冲突更需要使用更少后勤需求的系统，但后勤人员仍需将人员、装备和物资运送到地理位置分散的地点，以支持分布式作战。如陆军的船艇战略要求，无论在哪个战区都应实现"船－岸"的能力。

最后，建制工业基础与国防工业基础相呼应，在关键时刻的抗压能力（弹性）是为国家上的保险。从20世纪40年代建立的工业时代的建制工业基础需要向具有深度、速度、在需要时能够与商业部门并驾齐驱的综合性和弹性基础转型，这是赢得胜利的必要优势。联合部队的能力和需求、进入供应链的途径以及应对激增需求的能力等同于能够跨越遥远距离多域作战的速度。了解工业基础的深厚程度与弹性可以在需求激增时期提供多种选择。

二、结论

联合后勤体系可向联合作战提供制胜优势。陆军向联合部队指挥官提供了利用战备的方案。这些方案可确保作战计划执行的有效性、行动的经济性，防止或消除设施重复建设，减少各军种司令部之间职能重叠。未来的作战概念需要具有弹性和综合性的后勤指挥控制能力、可靠的兵力投送能力和分布式作战的持续保障能力。不管在何种情况下，不管在哪个战区，美国陆军都将战斗并赢得下一场战争。后勤保障仍然必不可少，它能提供作战优势，确保军队杀伤力，为赢得胜利提供资源。

（军事科学院系统工程研究院后勤科学与技术研究所　杨雪飞　孙燕侠）